Geri Keller

Vater

Ein Blick in das Herz Gottes

Geri Keller

Vater

Ein Blick in das Herz Gottes

Schleife-Verlag, CH-Winterthur

4. Auflage Februar 2003
© Schleife Verlag, Pflanzschulstrasse 17,
Postfach 85, CH-8411 Winterthur, Switzerland.
Tel. +41 (0)52 2322424 Fax. +41 (0)52 2336082
Email: publications@schleife.ch • www.schleife.ch
ISBN 3-907827-16-3

Vertriebspartner Deutschland und Österreich: Gerth Medien, Asslar
Schweiz: Gerth Medien AG, CH-Rothrist
ISBN Gerth Medien 3-89490-435-6

Die Bibelzitate in diesem Buch sind, wenn nicht anders angegeben,
der Zürcher Bibel (1993) entnommen.

Lektorat: Michael Herwig
Umschlaggestaltung: Pia Maurer

Satz und Druck: Jordi AG, CH-3123 Belp

Inhaltsverzeichnis

Vorwort

Ich habe dieses Buch weder geplant noch geschrieben, wenigstens nicht in dem Sinne, wie man sich das vorstellt. Meine Freunde vom Schleife Verlag haben mir das fertige Manuskript eines Tages in die Hand gedrückt. Sie hätten mir ebenso gut ein Baby in den Arm legen können, für welches ich nun plötzlich die Verantwortung zu übernehmen hatte. Durch alle Wechselbäder von Gefühlen hindurch haben wir uns dann einander doch mehr und mehr genähert. Ich entdeckte in den Botschaften aus der jüngeren Vergangenheit die vertrauten Züge wieder und erinnerte mich an Umstände und Geburtsschmerzen, aus denen sie entstanden sind. Vor allem wurde mir bewusst, dass dieses Vater-Buch nicht einen bestimmten Abschnitt meines Lebens umfasst, sondern dass es mein Lebensthema schlechthin ist.

Eigentlich begann es schon bei der Geburt. Meine Mutter kämpfte auf dem Gebärtisch einen aussichtslosen Kampf. Ich wollte und wollte nicht kommen und ein Arzt war aus irgendwelchen Gründen im Moment nicht greifbar. Schliesslich erschien er dann doch, erkannte mit einem einzigen Blick die Situation, sprang auf den Tisch und drückte mit seinen Knieen das werdende Leben ans Tageslicht. Heraus kam ein blaues, schon fast lebloses Wesen, die Nabelschnur um den Hals geschlungen. Daraufhin fasste mich der Arzt bei den Füsschen und wirbelte mich solange im Kreis, bis sich der erste Schrei löste. Erst viel später fand ich diese Erfahrung wieder im Psalm 22,10: «Ja, du bist's, der mich zog aus dem Mutterschoss, mich sicher barg an meiner Mutter Brust.»

Auch der nächste Vers dieses Psalms steht wie programmatisch über meiner ganzen Kindheit und Jugendzeit: «Auf dich ward ich geworfen aus Mutterschoss, von Mutterleib an bist du mein Gott.» Meine Eltern umgaben mich zwar mit ihren Gebeten, doch auf dem Weg ins Leben hinein war ich weitgehend auf mich selbst gestellt. Hier nun erlebte ich eine überwältigende

Vaterschaft Gottes, der mich an der Hand nahm, souverän aufbaute und den Grund zu einem unerschütterlichen Urvertrauen legte. Es war, als wäre mein Leben auf vorgegebene Schienen gestellt und sicher über alle Weichen und Hindernisse seiner Bestimmung entgegengeführt worden. Als Beispiel mag hier die Geschichte von «meinem» Kruzifixus stehen.

Über dem Flügel meines Gesanglehrers, eines bekannten Oratoriensängers, hing der hölzerne Leib des Gekreuzigten. Dieses Bild brannte sich mir als Ausdruck der Vaterliebe Gottes tief ins Herz. Der Wunsch, ein Jesusbild dieser Art zu besitzen, wurde immer stärker. Im Schaufenster eines Zürcher Antiquitätengeschäftes sah ich schliesslich eine von mir so erträumte Schnitzerei. Ich weiss nicht, wie lange ich vor dem Fenster stand und diese Figur in mich einsog. Wie im Traum ging ich nach Hause. Zum Glück fingen eben die Schulferien an, eine Gelegenheit, um mit Hilfsarbeiten das nötige Geld zu verdienen. Dabei erging es mir wie seinerzeit Jakob mit Rahel. Die Zeit verging wie im Flug, und schon eilte ich die engen Gassen des Niederdorfs hinauf, immer schneller, weil mich plötzlich der Gedanke überfiel: Was, wenn der Kruzifixus nicht mehr dort wäre? Ein Blick, ein Stich ins Herz. Der Platz, wo er gelegen hatte, war leer. Fast mechanisch öffnete ich die Ladentür. Der Besitzer musste wohl meine tiefe Verzweiflung gespürt haben. Ja, er habe die Figur weiter verkauft. Ich solle in zwei Stunden wieder kommen; er wolle schauen, ob sich was machen liesse. Dann stand ich wieder vor dem Ladentisch, und da lag etwas, in Seidenpapier eingewickelt: mein Jesus! Zum erstenmal hielt ich ihn in meinen Händen. Eine alte Tiroler Bauernschnitzerei. Im lasierten Körper vereinzelte Wurmlöcher, der linke ausgestreckte Arm, offensichtlich einmal abgebrochen, jetzt wieder angeleimt, Hände und Füsse durchbohrt, alles von einer ergreifenden Einfachheit und Schönheit. Dass mir der Ladenbesitzer dazu noch ein samtbespanntes Leerbild mit echtem Goldrahmen schenkte, auf dem er meinen Kruzifixus befestigte, machte mein Glück vollkommen. Für viele Jahre wurde dieser Jesus nun mein Begleiter. Exakt am Geburtstag meines Vaters bestand ich das theologische Staatsexamen.

Damit endete eine Zeit, von der ich im Nachhinein sagen würde: sie war ein Paradies der Vatergüte Gottes.

Was jetzt begann, war gleichsam eine Expedition ins Innere des Vaterherzens, um zu entdecken, «was kein Auge gesehen, kein Ohr gehört und in keines Menschen Herz gekommen ist». Jenen Vater zu finden, der grösser ist als alles; eine Vaterschaft, die mehr ist als eine wundersame, behütende Glasglocke über einem Menschenleben. Die in diesem Buch gesammelten Predigten kreisen alle um die Erfahrung, dass dieser Gott immer wieder anders ist: noch grösser, noch heiliger, noch freilassender, noch barmherziger, noch unbegreiflicher. Einfach anders! So anders, dass wir vor dem Wunder der göttlichen Vaterschaft nur noch anbeten können.

Als ich auf dem Deckblatt dieses Buches dieses eine Wort VATER sah, bin ich zunächst erschrocken. Immer wieder musste ich es vor mich hinhalten, mal näher, mal weiter entfernt. Obwohl so vertraut, erschien es mir in diesen Schriftzeichen fremd, als würde ich es zum erstenmal lesen: VATER!? Mag dies der Grund sein, weshalb wir dieses Wort in der Regel einkleiden: Unser Vater, mein Vater, lieber Vater, Ewig-Vater. Auch wir haben uns entschieden, diesem blossen Wort Vater noch einen Untertitel beizufügen.

Tatsächlich spiegelt dieses kleine Erlebnis eine tiefe Wahrheit. Dieses Wort VATER geht weit über unser Verstehen hinaus, es zieht uns an und flösst doch wieder Furcht ein. Es steht vor uns wie eines der Naturwunder, vor denen man verstummt. Du kannst versuchen, sie auf einen Film zu bannen, und weisst gleichzeitig: Die Urgewalt dieses Geheimnisses ist nicht zu fassen. Ich selber bin Teil davon, so wie ein Wassertropfen in der Gischt der Niagarafälle. O Vater, du einzige Hoffnung der Welt!

Ich danke meinen Freunden Ken Janz und Michael Herwig für ihre verborgenen Goldwäscher-Dienste. Ich widme dieses Buch dem Gedenken eines Mannes, der für viele in unserem Land zu einem Vater und geistlichen Wegbegleiter geworden ist: Jakob Rietmann von Herisau /Appenzell (1908–2001).

Geri Keller

Vorwort des Verlages

Es ist uns eine grosse Freude, diese Botschaft von Geri Keller zu veröffentlichen: ein Blick in das Herz des himmlischen Vaters und seine allumfassende Vaterschaft.

Dieses Buch ist eine Zusammenstellung verschiedener Ansprachen, welche Geri Keller während der letzten Jahre im ganzen deutschsprachigen Raum – Schweiz, Deutschland, Österreich – zu diesem Thema gehalten hat. Für den Leser mögen dabei folgende Hinweise hilfreich sein:

(1) Von seiner Entstehung her ist *jedes Kapitel in sich selbst abgeschlossen.* Aber natürlich lässt erst die ganze Bandbreite der Ansprachen den *vollen Bogen der Vaterschaft* aufleuchten. Es ergeben sich so auch gelegentlich Wiederholungen, welche wir aber bewusst belassen haben, da sie die Bedeutung der jeweiligen Aspekte unterstreichen.

(2) Der *Redestil* wurde – wenngleich für das Buch angepasst – weitgehend beibehalten. Dies gilt auch für die Gebete am Ende der Kapitel.

(3) Die *kursiven Zitate* sind der Bibel (in der Regel der Zürcher Übersetzung) entnommen. Wo sie nicht wörtlich sind, sondern im Rahmen der Rede aktualisiert wurden, werden sie mit *«nach+Bibelstelle»* gekennzeichnet.

Es ist unser tiefer Wunsch, dass der Leser dieses Buches mit einem neuen Zugang zu dem Herzen Gottes gesegnet wird – diesem wunderbaren Vaterherzen, das für jeden von uns schlägt.

Der Schleife Verlag

1

Abba, Vater

Von falscher Vaterschaft zum wahren Vater

«Alle, die vom Geiste Gottes getrieben (geführt) werden, die sind Söhne und (ich ergänze) Töchter Gottes. Denn ihr habt nicht den Geist der Knechtschaft empfangen, so dass ihr euch wiederum fürchten müsstet, sondern ihr habt den Geist der Sohnschaft, der Tochterschaft, empfangen. Und in diesem Geiste rufen wir: Abba, Vater!»
(nach Römer 8,14+15)

Dieses «Abba» ist ein zärtliches, aramäisches Vaterwort: Papa, Väterchen, Papi, Vati – etwas ganz Intimes; etwas, das von unserem Herzen zum Herzen des Vaters hinüberfliesst. Paulus hat diese innige Beziehung zum Vater auch in seinem bekannten Galaterbrief aufgegriffen: *«Als aber die Erfüllung der Zeit gekommen war, sandte Gott seinen Sohn, von einem Weibe geboren, dem Gesetze unterworfen, damit er die dem Gesetz Unterworfenen loskaufte, damit wir die Annahme als Söhne und Töchter erlangten. Weil ihr aber Söhne und Töchter seid, hat Gott den Geist seines Sohnes in unsere Herzen gesandt, der da ruft: Abba, Abba, Vater! Somit bist du nicht mehr Sklave, sondern Sohn und Tochter; wenn aber Sohn und Tochter, dann auch Erbe durch Gott.»*
(nach Galater 4,4–7)

Tief in uns allen steckt dieser *Schrei nach der Vaterliebe.* Wir sind auf der Suche nach diesem Vater. Wenn es z.B. in einem Lied heisst: *«Zeig mir dein Vaterherz, o Gott!»,* dann verbirgt sich dahinter diese tiefe Sehnsucht, dieser Schrei, dass mein Herz durch diese Liebe gestillt wird. Dabei haben unsere Seele und unsere Gedanken oft ganz bestimmte Vorstellungen, wie das geschehen sollte: «Nimm mich einfach in deinen Arm! Halt mich in deinem Arm, wieg' mich, tröste mich, fahr' mir übers Haar, lass mich das spüren!» Wieviele Menschen, für die wir beten, damit sie diese Liebe empfangen, sind dann hinterher manchmal enttäuscht, weil es nicht in der Weise geschehen ist, wie sie es sich vorstellten. Zuweilen kommt es als Resultat solcher Gebete auch dazu, dass Schmerz herauskommt, dass geschrien wird, ja dass Mächte weichen. Was ist das, diese Vaterliebe?

Der Kampf um die Vaterschaft

Es geht um einen Kampf auf Leben und Tod! Als Jesus in diese Welt kam, ist Satan ihm persönlich entgegengetreten. Jesus hat ihn als «Fürst dieser Welt» bezeichnet. Herr dieser Welt ist zwar Gott, aber Satan hat in dieser Welt durch den Sündenfall ein Besitzrecht für sich in Anspruch genommen. Er spielt sich als der Vater auf. Er ist der Meister der Lüge, der versucht, Vaterschaft auf vielen Ebenen vorzutäuschen. Wieviele haben sich «Väter» nennen lassen! Ganze Völker haben zu diesen «Vätern» aufgeschaut! Wieviele Politiker gefallen sich in der Pose des Vaters, wieviele Lehrer, Professoren, wieviele Ärzte usw. Hier wird oft eine Lüge von Vaterschaft weitergegeben. Menschen werden irregeführt – bis dahin, dass sie unter dem Deckmantel der Vaterschaft durch Psychologen, Therapeuten, Geistliche und viele andere missbraucht werden. Darum hat Jesus einmal gesagt: *«Ihr sollt euch nicht Vater nennen lassen!» (nach Mat. 23,9)* Ja, wir brauchen geistliche Väter und Mütter, die an Gottes Stelle etwas von diesem Herzen weitergeben. Aber wir nennen uns nicht Väter und Mütter, denn es gibt nur einen einzigen Vater! Von diesem

Vater heisst es in Epheser 4,6: *«(Er ist) über allen und bei allen und in allen.»* Mit Jesus kam noch einmal die echte, wahre Vaterschaft Gottes in unsere Welt hinein, und er sagte: *«Wer mich sieht, sieht die wahre Vaterschaft, das wahre Vaterherz!» (nach Joh. 14,9)*

Um diese Vaterschaft ist ein Kampf entbrannt. Denn Satan hat gewusst: Wenn die wahre Vaterschaft in die Welt hinein durchbricht, werde ich mit meiner falschen Vaterschaft der Lüge, der Verführung, des Humanismus, der Ideologie, der Perversion, des Missbrauchs von Menschen ausgespielt haben. Deshalb entbrannte der Kampf der Mächte. Satan hat mit dem höchsten Einsatz gepokert, als er Jesus in einer Universalschau alle Reiche der Welt zeigte und ihm sagte: *«Das alles will ich dir geben, wenn du niederfällst vor mir und mich anbetest!» (nach Mat. 4,9)* Dieser Machtkampf tobt heute mehr denn je, der Machtkampf darum, dass diese Welt unter die wahre Vaterschaft kommt. Das heisst aber auch zugleich, dass wir wieder in die Kindschaft hineinkommen, dass der Geist der Kindschaft wieder ausgegossen wird – auf Frauen, Männer, Kinder, Teenies, Greise.

In Nürnberg[1], der Stadt der Parteitage im Dritten Reich, tobte dieser Kampf besonders heftig. In dieser Stadt wurde die Lüge der Vaterschaft in einer Art und Weise ausgelebt und ausgebreitet, dass Tausende von Jugendlichen zu einer falschen Vaterschaft verführt und dazu gebracht wurden, ihr Leben dieser falschen Vaterschaft zu weihen. Bei einem Besuch in Nürnberg vor einigen Jahren meinte ich beim Erwachen eines morgens, ich sei in China! Im Wachzustand habe ich hin und her überlegt: «Ich habe doch kein chinesisches Geld! Wie zahle ich jetzt meinen Sprudel, den ich gestern noch aus dem Eisschrank genommen habe?» Erst viel später schoss mir durch den Kopf: «Du bist ja in Deutschland! Du hast ja ein paar Mark!» Der Eindruck mit China war prophetisch! Denn hier herrscht wirklich Verwirrung! Es ist Verwirrung um die Vaterschaft! Es ist Verwirrung in diesen Kämpfen zwischen dem Vater aller Vaterschaft und dem Vater

[1] Diese Ansprache wurde in Nürnberg gehalten.

der Lüge. Da, wo dieser Kampf tobt, wird sich immer auch die Macht des Widersachers melden müssen. Wenn Jesus in Synagogen ging oder wenn er zu Grabfeldern kam, da haben die Dämonen geschrien.

Der Geburtsprozess eines Kindes Gottes

Ihr müsst keine Angst haben: Ein Kind Gottes zu werden, hat immer mit einer Geburt zu tun; und eine Geburt ist immer auch ein Prozess, der durch Blut, Tränen und Schmerzen hindurchgeht. Da gibt es Wehen! Eine Geburt – und so hat es auch Jesus gesehen (Joh. 16,21+22) – ist oft mit Traurigkeit verbunden; aber wenn die Geburt, d.h. das neue Leben durchbricht, wenn dieses Leben gerettet und losgekauft ist, dann wird Freude sein! Wir alle, die wir uns von Jesus unter die Vaterschaft rufen lassen, kommen durch diesen Geburtsprozess hindurch. Jeder! Der eine hat eine leichte Geburt, der andere ist in Steisslage, der Dritte muss mit Kaiserschnitt aus dem Mutterleib geholt werden, der Vierte dreht sich durch ein Wunder Gottes nochmals, beim Fünften müssen die Wehen eingeleitet werden usw. Aber Geburt ist immer auch ein Kampf, und wir müssen uns nicht darüber wundern! Hier geht es um geistliches Leben, und wo Leben geboren wird, ist der Tod immer auch mit im Spiel.

Im Reich Gottes ist es immer so: An die Plätze, wo der Vater der Lüge, der Satan, seine Triumphe gefeiert hat, kommt Jesus und baut sein Reich. Bei den Propheten heisst es: *«Er baut sein Reich in den Trümmern.» (nach Jes. 44,26; 61,4 u. a.)* Er kommt wie ein eingeengter Strom und bricht durch. Im Olympiastadion von Seoul, Korea, z. B. waren es einmal 70 000 Studenten, die auf der Wiese niedergekniet sind und ein Versprechen abgegeben haben, ihr Leben Jesus zu weihen und einen Teil ihres jugendlichen Lebens und ihrer Kraft für die Mission einzusetzen. 70 000 junge Menschen, die bei strömendem Regen niedergekniet sind und gesagt haben: «Wir bringen dir, Jesus, unser Leben, und du darfst über dieses Leben verfügen!» Was in Nürnberg einmal unter dem

Vorzeichen einer falschen Vaterschaft passiert ist, erbitten wir von Gott zurück: dass sich in dieser Stadt, in der schon viel Versöhnung geschehen und viel geistliches Leben aufgebrochen ist, unter dem Zeichen der Vaterschaft aller Vaterschaften ein Heer von Jugendlichen erhebt und ihr Leben Jesus Christus weiht.

Ein werdendes Leben unter dem Herzen einer Mutter hat noch keine Ahnung von allen Zusammenhängen; es kann weder «Mutter» noch «Vater» sagen – und doch ist es von einem Vater gezeugt und von einer Mutter genährt. Es hängt im Blutkreislauf des Systems eines fraulichen, mütterlichen Lebens drin. Dann bricht das Leben durch, aber das Kind kann immer noch nicht «Vater» und «Mutter» sagen; da ist erst einmal einfach der Geburtsschrei, wenn die Luft einströmt und das Licht eines neuen Lebens empfangen wird. Es dauert eine ganze Zeit, bis dieses Leben in den Gesichtern derer, die sich über es neigen, die Vater- und Mutterschaft erkennen kann.

Wir glauben immer, dass geistliche Geburten etwas sind, was uns als gebratene Tauben ins Maul fliegt, und wo Instant-Lösungen geschehen. Gott sagt aber ganz klar: *«Bittet, so wird euch gegeben werden; suchet, so werdet ihr finden; klopfet an, so wird euch aufgetan werden!» (Mat. 7,7)* Gott nimmt uns in einen Weg hinein, an dem wir mitbeteiligt sind! Gott ist ein Schöpfergott; und es geht für uns darum, zu suchen und anzuklopfen und uns immer näher heranzutasten. Seht doch auf die Kleinkinder: Sie nehmen alles in die Hand und in den Mund. Sie erspüren so diese Welt. Wir müssen auch die Welt Gottes zuerst erspüren: Wer ist dieser Gott, der das Universum erschaffen hat? Warum hat Gott denn einen Abraham unter den Sternenhimmel geführt? Warum hat Jesus gesagt: *«Seht die Vögel unter dem Himmel! Seht die Lilien auf dem Feld!» (nach Mat. 6,26+28)* Warum diese herrliche Schöpfung? Nimm diese herrliche Schöpfung und sieh' sie dir an und sag': «Von meinem Vater! Er hat das gemacht!» Das ist zwar nicht die Lösung deiner Probleme, aber so lernst du deinen Vater kennen!

So lernen wir und tasten uns an den Vater heran, der sagt: «Ich bin's, mein Sohn, meine Tochter. Das alles habe ich geschaffen – für dich, um dein Leben reich zu machen, dich spüren zu lassen, was ich für dich empfinde und was ich dir sagen will! Mein Herz ist noch viel grösser, meine Liebe zu dir unerschöpflich!» Es gibt tausend Wege, wie Gott uns an seine Vaterschaft heranführt. Es geht nicht einfach um ein Hauruck-Erlebnis, sondern sukzessive führt er uns. Ich habe schon viel von der Vaterschaft erfahren. Sie ist über mir, bei mir, in mir. Aber ich bin immer noch am Suchen, am Klopfen, am Bitten, weil ich weiss: Dieses Vaterherz ist noch viel, viel grösser! «Zeig mir dein Vaterherz, O Gott!», das ist auch mein Wunsch, meine Bitte.

Der Schlüssel: die Gnade

Oftmals steht uns im Weg, dass wir diese Liebe, das Wesen Gottes, gar nicht *empfangen* können. Mit Jesus kam das neue Bild des Vaters in die Welt, und im Johannesevangelium heisst es: *«voll Gnade und Wahrheit!»(1,14)* Gnade ist das Wesen Gottes, und Wahrheit ist auch das Wesen Gottes. Gott ist immer zuerst gnädig und barmherzig, voller Erbarmen. Das fällt uns am schwersten: die Gnade Gottes anzunehmen. Ich höre schon die Einwände von der «billigen Gnade». Aber wir sprechen auch deshalb manchmal von der billigen Gnade, weil wir die Gnade überhaupt nicht annehmen können und immer noch den Stolz haben, dass die Gnade von irgendwo her mitgetragen und verdient werden muss! Gnade ist Gnade! Im Kreuz ist beides erschienen: die Gnade und die Wahrheit. Das Kreuz heisst: Du kannst aus nichts anderem mehr zum Vaterherzen kommen als allein aus Gnade. Du kannst dir die Vaterliebe nicht verdienen, nicht erlesen mit allen Bibelarbeiten, nicht erbeten, nicht ... nicht ... nicht! Es ist eine Gnade! Da hört's auf! Darum ist das Kreuz immer wieder ein solches Ärgernis, weil wir noch etwas tun möchten – und sei es nur so etwas wie die Reinkarnation, damit wir das nächste Mal noch etwas abbüssen können!

So ging es auch dem Pharisäer im Tempel, der sagte: *«Ich faste zweimal in der Woche, ich gebe den Zehnten von meinem ganzen Einkommen» (Luk. 18,12);* und «dreimal pro Tag gehe ich beten!» Zur gleichen Zeit steht hinten ein ausgefranster, abgewrackter Kerl, ein Zöllner, ein korrupter Mann, der es endlich einmal versucht mit Gott; von hinten her ist er in den Tempel geschlichen, um seiner Sehnsucht nach dem Vaterherzen Gottes Ausdruck zu geben. Aber jetzt hört er den Pharisäer sprechen und sagt sich: «Keine Chance! Zweimal fasten...», und er denkt an seinen Kühlschrank zu Hause und an die Einladungen, die noch ausstehen, und die Zunfttreffen mit den Zöllnern ... «Dreimal beten am Tage, von allem den Zehnten geben» ... Da schlägt er an sein Herz und sagt: *«O Gott, sei mir Sünder gnädig!» (Luk.18,13)* Jesus zeigt uns dann hier: Wenn einer so an sein Herz schlägt und sagt: «Gott, sei mir Sünder gnädig!», wenn einer aus seiner Not heraus schreit, dann hört ihn Gott und spricht ihm seine Gnade zu.

Jesus hat klar zugesagt: *«Jeder, der zu mir ruft, wird errettet!» (nach Röm. 10,13)* Es ist das Schwierigste, dass wir Gnade annehmen können! Wir wollen immer noch etwas dafür tun: geben – wiedergeben, damit es nicht ganz gratis ist. Aber es ist umsonst! Gott sagt: *«Wem ich gnädig sein will, dem bin ich gnädig! Ich entscheide, wem ich gnädig sein will, nicht du! Ich entscheide, wem ich Erbarmen entgegenbringen will, das entscheidest nicht du!» (nach 2. Mose 33,19)*

Ich habe einmal meinen Pfarrerberuf an den Nagel gehängt und mit sofortiger Wirkung die Kündigung beim Kirchenrat eingereicht, weil ich den Eindruck hatte: «So einen Kerl wie mich kann der Herr nicht mehr brauchen. Der Film ist gerissen!» Nachts um zehn habe ich den Schlüssel meines Pfarrhauses in den Briefkasten geworfen und bin in meinem Auto, mit dem alten Sofa und ein paar Bücherkisten auf dem Dach, nach Zürich in ein möbliertes Zimmer gefahren. Ich habe gewusst: «Es ist endgültig vorbei.» Endgültig. Ich habe auch gewusst: «Du wirst nie mehr einen geistlichen Dienst haben.» Es ist endgültig vorbei. Ich habe dann alles andere probiert, habe meine Taxiprüfung gemacht, bin durchgefallen, habe Heilpädagogik studiert, eine Ausbildung gemacht beim Fernsehen, Filme gemacht, war Psychiatrie-Hilfspfleger. Um mich ein bisschen zu bestrafen, bin ich auf geschlossene Abteilungen gegangen und habe monatelang in einer offenen Abteilung mitgelebt, dann auch in einem Trakt mit Tuberkulosekranken. Ich habe mein ganzes Leben für sie ausgepowert, weil ich dachte: «Es ist aus und vorbei!»

Gott hat sich von mir nicht klein kriegen lassen. Er hat gesagt: «Die einzige Lektion, die du lernen musst, ist, dass Gnade Gnade ist. Meine Gnade kannst du nicht verdienen. Und wenn ich mich entschieden habe, dich, Kerl, zu brauchen, wenn ich dich will als meinen Sohn, dann habe ich das gefälligst entschieden – nicht du.» Da war immer noch mein Stolz: Ich wollte etwas zu meiner Erlösung und meinem Heil beitragen! Es gab auch noch Teile in meinem Leben, wo ich sehr stolz darauf war, dass ich da eine saubere Weste hatte. «Nicht wie der da hinten!», sagt der Pharisäer. *»Ich danke dir, dass ich nicht wie die Hurer und Zöllner und Ehebrecher bin!» (nach Luk. 18,11)* Nach dreijährigem Kampf habe ich zu Gott gesagt: «Gott, ich kapituliere, ich nehme deine Gnade an!» Von da an habe ich wieder etwas mehr vom Vaterherzen erlebt, der seinen Arm um mich gelegt und gesagt hat: «Du hättest es billiger haben können. Ich habe dich je und je geliebt und habe dich mit Seilen der Liebe zu mir gezogen. Und ich liebe dich nicht, weil du ein anständiger Kerl bist, weil du volle Kirchen gehabt hast, weil du moralisch so einwandfrei bist – sondern ich liebe dich, weil ich mich entschieden habe, dich zu lieben!»

Gott hat uns vor Grundlegung der Welt erwählt, als es dich und mich überhaupt noch nicht gegeben hat. Damit es ganz klar ist, hat *«Gott uns geliebt, als wir noch die Feinde Gottes, als wir noch Sünder waren.» (nach Röm. 5,8–10).* Da hat er dich schon geliebt! Gott hat sich in seinem Sohn hingegeben, um die Schuld und Sünde und Krankheit der Welt zu tragen. Als Jesus kam und seine Wundmale zeigte, hat Gott ganz klar damit gesagt: «Ich habe dich erwählt, auch wenn ich deiner Schuld wegen ans Kreuz gehen musste!»

Gnade und Wahrheit

Das ist die unbegreifliche Gnade Gottes, die wir nie verdienen können. Wir können sie nur empfangen. Aber was für ein Stolz steckt in uns drin! Wir sind auf Leistung getrimmt und haben immer noch den Eindruck: «Ich will etwas erbringen, damit ich nicht ganz von Gottes Gnade abhängig bin!» Doch, wir sind total von Gottes Gnade abhängig, es gibt keinen anderen Weg! Aber weil das so ist, ist Christus «voller Gnade» und zugleich *«voller Wahrheit» (nach Joh. 1,14):* Jesus hängt am Kreuz, er ist zur Sünde und zum Fluch geworden für die Welt; er hat deine und meine Schuld, deine und meine Krankheit, deine und meine Prägungen und bitteren Wurzeln getragen, die Schuld unserer Städte und Nationen, all die Lasten der Geschichte – all die Entsetzlichkeiten hat er getragen. *Das ist die Wahrheit: dass er sie getragen hat und dass ich sie daher nicht tragen muss.* Wer Gott sucht, den bestraft er nicht mehr für die Sünde: *«Die Strafe lag auf ihm, auf dass wir Frieden hätten.» (nach Jes. 53,5; Zürcher/Luther)*

Als Christen werden wir Menschen sein, die durchsichtig sind und nichts mehr zu verstecken brauchen; die einander nichts mehr vorspielen müssen. Wir haben kein Gesicht mehr zu verlieren; wir sind, die wir sind. Jesus in uns genügt, und der Heilige Geist in uns wird uns verändern in das Bild Jesu. Wir sind wahr!

In Basel fand einmal eine Grossveranstaltung mit 10 000 Christen statt. In einem Podiumsgespräch sass u. a. der Leiter einer sehr bedeutenden geistlichen Bewegung in der Schweiz. Allen von uns, die an diesem Gespräch teilnahmen, war vorher ein Buch zugeschickt worden, damit wir uns anständig vorbereiten. Die Frage lautete nun: «Was habt ihr bei diesem Buch empfunden?» Dieser Leiter sagte: «Ich muss bekennen, ich habe dieses Buch nicht gelesen.» Er hat nicht versucht, eine Viertelstunde vorher noch im WC rasch die Inhaltsangabe zu überfliegen, oder noch auf der Fahrt nachgesehen, ob es eine Zusammenfassung gäbe, um dann ein bisschen flunkern zu können. Vor 10 000 Personen und übergrossen Bildschirmen sagte er: «Ich muss bekennen, ich habe dieses Buch nicht gelesen.» Halleluja! Das machte ihn glaubwürdig, so etwas nenne ich Christ!

Wir leben aus Gnade, und wir lieben die Wahrheit. Das heisst: Ich lebe aus der Gnade – nicht weil ich gut bin, weil ich nichts vergesse und mich solide vorbereite. Ich lebe aus der Gnade und der Kraft des Geistes, der mir hilft, immer wieder Schritte im Gehorsam zu tun. Und die Wahrheit ist dabei unser einziger Schutz. Wenn die Welt sieht, dass wir in der Wahrheit leben, dass wir nichts Falsches decken, sondern zur Wahrheit stehen, dann sind wir für Gott die grössten Zeugen. Gott liebt dich, weil du zur Wahrheit stehst.

Unsere einzige Sicherheit: die Vaterschaft Gottes

Wenn ich zur Vaterschaft hindurchdringen will, muss ich zunächst *bereit sein, Kind zu sein!* Ein Kind ist abhängig von seinem Vater. Hier hat Jesus eine gewaltige Kampffront gegen eine ganze Welt mit ihren kulturellen Prägungen eröffnet: die Front der Kindschaft. Er hat ganz klar gesagt: *«Wenn ihr nicht werdet wie die Kinder, könnt ihr nicht in mein Reich kommen!» (nach Mat.18,3)* Kinder stehen nicht unter der Macht des Mammons. Kinder leben im Heute. Kinder sind abhängig von ihren Vätern und Müttern oder Versorgern. Kinder sind noch nicht fähig, ihr Leben ganz zu ordnen oder auf eigenen Füssen zu stehen. Jesus ist gekommen und hat gesagt: «Wollt ihr wieder Kinder sein? Begebt ihr euch in diese Abhängigkeit, damit der himmlische Vater wieder in seine Rolle eintreten darf, Verantwortung für euer Leben zu übernehmen und für euch zu sorgen?»

Unsere Welt ist auf Sicherheit aufgebaut. Darum gibt es in der Gesellschaft diese wahnsinnigen Verteilkämpfe. Da tobt es, da geht es um Prozente, um zwei Stellen nach dem Komma. Da geht es darum, wer noch Subventionen bekommt, wo Renten gekürzt werden, wieviel Schulgeld ich kriege usw. Das alles ist auf diesem Grund aufgebaut: Unser Leben basiert auf Sicherheiten.

Aber unsere einzige Sicherheit ist die Vaterschaft Gottes! Die Frage ist also noch einmal: «Willst du wieder Kind werden und dich in die totale Abhängigkeit von diesem Vater begeben, wo du zwar noch deine Sicherheiten hast (wir wollen sie dankbar annehmen), aber wo du von diesen Sicherheiten nicht mehr im Letzten abhängig bist?»

Auch der Leib Christi wird zu einem Grossteil immer noch vom Mammon festgehalten – vom Mammon der Sicherheit. Wir Christen sind überhaupt nicht besser, wir kämpfen genauso um Steuerprozente, um Steuereinnahmen in den Kirchen. Wir kämpfen genauso um unsere Pfründe und unsere Positionen, weil sie Sicherheiten sind. Jesus hat zu Petrus das eine schlichte Wort gesagt: *«Komm!»* Und Petrus ist aus dem Boot gestiegen und aufs Wasser gegangen. Wenn man aufs Wasser geht, wird man auch immer wieder Wasser schlucken und schreien. Aber dann hält Gott dir seine Hand hin, und du wirst sie ergreifen, und er wird dich hochziehen und sagen: *«Du Kleingläubiger, warum hast du gezweifelt?» (Mat.14,31)*

Glückseligkeit: Abhängigkeit von Gott

Es gibt keine grössere Glückseligkeit in dieser Welt als die der Abhängigkeit von Gott. Sie ist sicher auch mit vielen Schwierigkeiten verbunden! Gott ist leider immer wieder ein «Gott der letzten Minute». Wir denken zwar oft, Gott sei so superpünktlich, er komme schon eine oder zwei Wochen im voraus, um unser flatterndes Herz zu beruhigen. Aber so ist Gott nicht, obwohl er uns manchmal ein bisschen entgegen kommt, damit unser Glaube aufgebaut wird. Mose ist mit Millionen von Menschen und dem Vieh durch die Wüste gelaufen und hat drei Tage lang kein Wasser gehabt, und Gott hat trotz allem Brüllen und Schreien immer noch kein Wasser gegeben! Schliesslich kamen sie zu einem Tümpel, und die Menschen rennen zum Wasser und – spucken es gleich wieder aus, weil es ungeniessbar und giftig ist (2. Mose 15,22–24). Gott, was ist jetzt wieder?

In der Abhängigkeit von Gott wird das Leben unheimlich spannend! Gott will, dass wir leben und heraus kommen aus dem langweiligen Trott! Das schwäbische Sprüchlein: «Schaffe, schaffe, Häusle baue!» das ist noch nicht das Leben! Leben ist etwas anderes! Die Quäker sagten: «Christen sind unsagbar glücklich, absolut furchtlos und immer in Schwierigkeiten.» Da darf man einbrechen, durchhängen und zu Gott schreien; da darf man auch mal auf den Tisch hauen und sagen: «Vater, jetzt versteh' ich überhaupt nichts mehr! Wie denkst du dir das denn?» Unser Gott ist ein Vater; und nicht weil er gerade Anderes und Wichtigeres zu tun hätte, lässt er dich manchmal in Schwierigkeiten geraten, sondern weil er dich in deinem tiefen Vertrauen aufbauen will. Was haben die Pharisäer und Schriftgelehrten gesagt, als Jesus am Kreuz gestorben ist? *«Er hat Gott vertraut, der helfe ihm nun!» (nach Mat. 27,43)* Dies ist das wunderbarste Kompliment, das man über Jesus aussprechen konnte: «Er hat Gott vertraut!» Wenn wir Gott mit etwas ehren können, dann mit unserem Vertrauen des Kindes zum Vater.

Wir müssen wieder total abhängig werden von Gott. Gott hat oft andere Pläne. Er will andere Wege gehen! Wir sind in einem gewaltigen Lernprozess, diesem Gott Raum zu schaffen und immer wieder neu zu fragen und zu hören: «Gott, wie geht's jetzt weiter?» Nicht wir tun die grossen Wunder – wir bringen nur das Wasser, die fünf Brote und zwei Fische. Wir machen ein bisschen Teig, bereiten den Boden vor, salben Kranke mit Öl und legen ihnen die Hände auf, wir sprechen das Wort Gottes über ihnen aus – aber es ist Gott, der das Entscheidende tut! Wir kommen in eine unheimlich spannende Zeit, wo wir wieder Kinder werden! Kinder, die nicht schon alles wissen, sondern die ständig zum Papa rennen und sagen: «Vater, und jetzt? Wie weiter?» Wir kommen in eine Zeit, wo man nicht mehr unter den Ältesten mit Mehrheit abstimmt, ob man dieses oder jenes Seminar machen will, oder ob man den Lobpreis um zehn Minuten verlängern darf, oder ob man den Jungen vielleicht doch gestatten sollte, etwas mehr Freiheit mit dem Heiligen Geist zu haben... Diese Zeit ist vorbei!

Wenn wir den Geist der Kindschaft haben, der ruft: *«Abba, Vater!»,* dann gehen wir wieder zum Vater und sagen: «Vater, wir wissen nicht mehr weiter. Was jetzt?» Das ist eines der wunderbarsten Gebete heute: «Wir wissen nicht mehr weiter!» Wir können nicht auf unseren alten Gewohnheiten sitzen bleiben. Gott ist ein schöpferischer Gott. Jeden Tag geht Gott wieder weiter. Jesus hat sich oftmals umgedreht und gefragt: *«Wollt ihr noch mitkommen – oder hinweggehen?» (nach Joh. 6,67)* Es geht immer weiter – es geht dem Ziel entgegen! Das Ziel ist es, dass der Vater wieder Vater wird über diese Welt! Dass seine Kinder wieder zurückkommen, an denen er sich freut! Damit er wieder Gnade ausgiessen kann anstelle der allgegenwärtigen Unbarmherzigkeit, Härte und Brutalität. Dass Wahrheit wieder kommt anstelle der Lüge. Dass Gemeinschaft wieder möglich wird, wo Menschen miteinander einen Herzensaustausch haben, ohne sich seelisch aneinander zu binden und einander zu vereinnahmen und Kontrolle auszuüben.

Das ist die Wahrheit: Gott geht weiter. Dazu müssen wir Kinder sein und ein Ja haben zu dieser Abhängigkeit. Wir sind immer Kinder! Auch wenn wir die mächtigsten, gesalbtesten Boten sind – wir bleiben diese Kinder, die immer wieder sagen: *«Abba, Vater!»* Wir haben keine andere Chance, als immer wieder zum Vater zurückzugehen, um einfach bei ihm zu sein, uns auszuweinen und zu sagen: «Vater, ich kann nicht mehr. Ich möchte weglaufen!» Dann sagt er: «Kind, Dummerchen, ich bin dein Vater. Ich bin grösser als alles. Niemand kann dich aus meiner Hand reissen! Ich bin nur grad dran, mit dir etwas Neues zu machen. Das Alte ist vorbei! Darum habe ich ein paar Fallmaschen zugelassen, damit wir neu anfangen können. Es gibt ein neues Muster. Ein neuer Abschnitt ist eingeleitet.»

Ich bin begeistert von meinem Gott; aber es ist manchmal anstrengend, manchmal auch ein bisschen mühsam mit diesem Gott – aber unendlich herrlich und schön!

Paulus sagt: *«Wir können hungern, wir können satt sein, wir können arm sein, wir können reich sein – wir vermögen alles durch den, der uns stark macht: Christus.» (nach Phil. 4,12–13)*

Dies ist möglich, weil wir diesen Vater haben, der *«grösser (ist) als alles» (Joh. 10,29; Luther).* Ich möchte euch so richtig locken, damit ihr eurem Gott nochmals das Versprechen gebt und sagt: «Ja, Gott, ich will diese Kindschaft nochmals annehmen. Ich will aus meiner Unabhängigkeit – oder aus Teilen meiner Unabhängigkeit – aussteigen, wo ich mein Leben immer noch kontrolliere, und wo ich meine fixen Vorstellungen habe, wie ich meine nächsten Jahre leben will, wie meine Ehe, meine Kinder sich entwickeln sollten – ich gebe dir das alles. Gott, ich will mich wieder neu abhängig machen von dir. Ich widerstehe dem Mammon. Ich widerstehe dem falschen Getue von Macht; und ich will die Kindschaft annehmen und abhängig sein vom Vater und mich dadurch in die Sohnschaft und Tochterschaft hinein aufbauen lassen.»

Kinder – die grösste Bedrohung für Satan

Kinder sind für die Welt und für Satan das Gefährlichste. Darum will er Kinder so rasch wie möglich erwachsen werden lassen. Wenn sie erwachsen sind, müssen sie Sicherheiten haben, müssen sie wissen, wo der «nächste Schuss» herkommt. Darum raubt Satan die Kindheit und macht uns so schnell wie möglich zu diesen falschen Erwachsenen – unabhängig, eigenständig, sogenannt selbständig, und im Grunde genommen verzweifelt und arm. Unsere Gesellschaft lebt vom falschen Erwachsensein; und der Teufel fürchtet dieses Kindsein der Kinder Gottes. Ich freue mich, dass Gott weltweit diese Kinderbewegung aufbaut, die Kings Kids, die Teenies, die in der totalen Abhängigkeit von Gott vorangehen. Gott setzt hier wieder ein Zeichen, mit dem er auch uns Erwachsene hineinlockt in ein Leben der Abhängigkeit von Gott.

Gebet

Vater, Abba, Vater! Ich danke dir für alle, die von dir im Innern gezeugt worden sind, und für diejenigen, die durch dich, Vater, noch gezeugt werden. Nicht mit menschlichem Samen, nicht aus einer blinden Leidenschaft heraus, nicht aus Begierde, sondern die von dir, dem Herzen eines Vaters, mit einer unendlichen Leidenschaft eines Vaterherzens, gezeugt worden sind. Ich danke dir für alle Geburtsprozesse, in denen wir drinstehen. Danke für alle, die deine Vaterschaft schon geschmeckt und gesehen haben. Danke für alle, die noch am Tasten, Suchen, Herantasten sind.

Ich segne euch, dass ihr auf dem Weg bleibt und euch nicht wegdrängen lasst von diesem Weg, zu suchen, anzuklopfen und zu bitten. Es ist dieser Vater, der euch durch die Generationen hindurch gesucht hat; dieser Vater, der euch erwählt hat, der nur die eine Leidenschaft hat: dich an sein Herz zu drücken und dir sein Herz zu offenbaren.

Ich danke dir, Jesus, dass du uns wieder weiter in diesen Prozessen voranbringst, in denen wir schmecken und fühlen, wie dieser Vatername auf unserer Zunge zergeht als etwas wunderbar Köstliches – dass wir den Vaternamen wie Honig in unserem Mund schmecken. Ich bitte dich, bring diesen süssen Vaternamen nochmals in unseren Geist, in unsere Herzen hinein. Lass diesen Abba-Namen nochmals zergehen in unseren Herzen, in unserem Geist. Ruf es nochmals in den Geist und das Herz hinein: Abba! Abba! Dein Abba! Dein Vater!

Ich danke dir, Gott, dass du uns auch überführst, wo wir noch in Stolz gefangen sind und dein Abba-Sein, deine Liebe und Gnade nicht annehmen können. Wo wir uns immer noch selber wie im Spiegel betrachten und fragen: Können wir? Dürfen wir? Was kann ich diesem Gott noch bringen? Vater, ich bitte dich um eine Freisetzung, damit wir unsere Herzen öffnen können, um Gnade zu empfangen, dass dieser Gnadenstrom heute fliesst.

Ich bitte auch um eine Freisetzung, dass wir heraustreten aus all dem, wo wir uns selber noch bedeckt halten, wo wir noch Dinge in unserem Leben verschweigen, verdrängen müssen, dass wir da heraustreten in das Licht der Wahrheit, weil wir berufen sind, Menschen zu sein mit Ecken und Kanten, mit Unvollkommenheiten – Menschen, die nicht vollkommen sind, aber durch die hindurch das Licht Christi geht. Andere Menschen sollen sehen: Die sind ja wie wir, aber in ihnen ist eine Freude und ein Friede.

Ich ehre dich darüber, Vater.

2

Wie ein Vater

Jesus, der einzige Zugang

«*Wie sich ein Vater über seine Kinder erbarmt, so erbarmt sich der Herr über die, die ihn fürchten.*»
(Psalm 103,13)

Das Gleichnis von Vaterschaft und Mutterschaft

Die Bibel nimmt unsere irdische Mutter- und Vaterschaft als Gleichnis. Wir können ja nur in den Bildern, die uns diese irdische Welt zur Verfügung stellt, versuchen, die himmlischen und ewigen Tatbestände auszudrücken. Es sind behelfsmässige Eselsleitern. Gott stellt diese Bilder auch immer unter einen Vorbehalt. So sagt er z. B. in Jesaja: *«So wie sich eine Frau über ihr Kindlein erbarmt, so erbarmt sich der Herr über dir.»* Aber dann fügt er gleich noch an: *«Und wenn es auch sein kann, dass eine (irdische) Mutter ihres Kindleins vergässe, so will ich doch dein nie vergessen.» (nach Jes. 49,15)*

Durch den Mund des Propheten Jesaja hat Gott einmal offenbart, dass er der *«Ewig-Vater» (Jes. 9,6)* ist. Sein Wesen ist Vaterschaft. Er wird nicht erst Vater und dann vielleicht einmal Grossvater oder Urgrossvater – tauscht seine Rollen, hat seine Phasen von Vaterschaft und steigt nachher wieder aus – , sondern sein ganzes Wesen ist Vaterschaft. Er ist schlechthin Vater, Ewig-Vater: Von Ewigkeit zu Ewigkeit ist er der Vater. Darum beugt

Paulus seine Knie vor *«dem Vater aller Vaterschaft» (nach Epheser 3,14+15)*. Paulus hat ganz tief innen das Vaterherz eines Gottes erkannt, der ihm in einer besonderen Art und Weise begegnet ist. Dieser Gott hat ihn aus dem Gefängnis seiner Selbstgerechtigkeit, des religiösen Stolzes, der Arroganz und Vermessenheit Gott gegenüber herausgeführt und ihn zu einem Apostel für die Nationen gemacht. Paulus singt immer wieder das Loblied der ewigen Vaterschaft seines Gottes. Da ist kein Brief, wo er nicht sagt: *«Gnade sei mit euch und Friede von Gott, unsrem Vater, und dem Herrn Jesus Christus!» (1.Kor. 1,3)* Friede von Gott, dem Vater – das ist keine liturgische Formel, das ist die tiefe Erfahrung eines Menschen, der in dieser ewigen Vaterschaft zu diesem Frieden gekommen ist und darum singen kann: *«Ich weiss, ich bin überzeugt – nichts, nichts, nichts mehr kann mich von dieser Vaterliebe trennen, die er offenbart hat in seinem Sohn Jesus Christus.»(nach Römer 8,39)*

Darum bin ich auch immer wieder hilflos, wenn ich über diesen Ewig-Vater reden soll. Wir suchen ja immer menschliche Vaterbilder und klammern uns daran; und das ist auch gut so. Da, wo Vaterlosigkeit ist, gibt Gott uns oft solche Stützen, damit geistliche Väter oder Mütter uns ein Stück begleiten können – durch Jesus Christus hindurch an dieses Vaterherz. Hier können wir erst einmal anfangen, so ein ganz klein wenig zu verstehen, was Vaterschaft überhaupt sein könnte. Wie will ich verstehen, was Vaterschaft ist, wenn ich sie nie erlebt habe? Und wenn ich dann plötzlich in diesen Ozean von Vaterschaft eintauche, in dieses Geheimnis Vaterschaft, die wirkliche Vaterschaft – dann ist das wie bei diesem verschütteten Bergbauarbeiter, von dem wir kürzlich in der Zeitung lesen konnten: Als er nach zehn Tagen totaler Finsternis herauskam, musste man ihm eine Binde um die Augen legen, weil er das Tageslicht überhaupt nicht ertragen konnte.

Paulus wurde von der Wirklichkeit dieser Vaterschaft geblendet. Darum wurde er blind. Gott hat es in seiner Weisheit so bestimmt, dass dieser sehende, wissende Mann, der Erleuchtete, dieses Genie von religiöser Intelligenz und Bibelwissen, durch eine lebendige Vaterschaft in Jesus Christus so geblendet wurde, dass er vom Ross stürzte und drei Tage blind war, bis der Bruder Ananias kam, ihm die Hände auflegte und sagte: *«Bruder Saul, sei wieder sehend!» (nach Apg. 9,17)*

Jesus – der einzige Zugang zum Vater

Vaterschaft ist eine Realität, die in einer ganzen Ewigkeit nicht ausgeschöpft werden kann – auch nicht, wenn wir einmal vor Gottes Thron stehen und dann Gott, der Vater, *«alles in allem» (1. Kor. 15,28)* sein wird. Aber ich will ganz klar sagen: Wir werden diesen Vater nur erkennen und zu dieser Vaterliebe nur durchbrechen können durch Jesus Christus. *Es gibt keinen anderen Zugang zum Vater als nur durch Jesus.* Aber umgekehrt sagt Jesus auch: *«Niemand kann zu mir kommen, es ziehe ihn denn der Vater.» (Joh. 6,44)* Alles, was an Sehnsucht in uns drin steckt, als Hunger, Schrei, Unruhe – alles das, was dich vielleicht schon Jahre getrieben hat, als du noch in Sünde warst und in Ehebruch und Hurerei gelebt und fremden Göttern gedient hast – all dies Ticken in dir drin, diese Unruhe, die sich niedergeschlagen hat in Träumen und Süchten: In all dem ist bereits das Ziehen des Vaters. Es gibt nichts anderes, was uns zu Jesus bringt, als dieses Heimweh, dieses innere Klopfen, wo der Vater immer wieder zieht und zieht und zieht.

Wir können nur durch Jesus zu diesem Vater kommen. Das Blut seiner Hingabe reinigt uns von aller Sünde; und dann nimmt Jesus uns mit zu seinem Vater. Darum hat er als ersten den Verbrecher am Kreuz mitgenommen zu seinem Vater. Der Verbrecher hatte ja keine Zeit, ein gutes Leben zu leben, geschweige denn seine Sünden im Detail zu bekennen. Er hat nur gesagt: *«Ich weiss, dass ich zu Recht hier hänge. Jesus, gedenke an mich, wenn du in das Paradies kommst!»* Jesus sagte diesem Verbrecher: *«Heute wirst du mit mir im Paradiese sein!» (nach Luk. 23,41–43)* Stellen wir uns das einmal vor: Der erste Mensch, mit dem zusammen Jesus zu seinem Vater ins Paradies kommt, ist ein

Verbrecher! Nicht ein Apostel, und nicht ein gewaltiger, vollmächtiger Seelsorger! Nicht ein weiser Mann, und nicht eine Frau, deren Leben in der Hingabe verzehrt worden ist! Nein, er kommt mit einem abgewrackten Verbrecher! Beide mit den Wundmalen! Er stellt seinem Vater diese neue Schöpfung vor und sagt: «Vater, hier – mein Bruder, dein Kind; ich bring ihn dir wieder, direkt vom Kreuz!» Ist das nicht gewaltig? Nur durch Jesus können wir zu Gott kommen.

Das Alte Testament beschreibt einmal, wie sich bei *David* in der Wüste alles versammelte, was gesellschaftlich nicht mehr tragbar war: Kriminelle, Diebe, Asoziale, alles, was irgendwo lebensuntüchtig war oder in Auflehnung lebte. All diese Western-Typen sind in die Wüste zu David gezogen. David hat sie zu seinen Freunden und Brüdern gemacht. Aus diesen Kriminellen, Asozialen, Rebellen, Chaoten sind die Helden Davids geworden, deren Namen zum Teil aufgeführt sind und die in der Geschichte Israels unsterblich geworden sind. Sie nehmen auch einen Ehrenplatz in der Bibel ein – gewaltige Männer Gottes, Pfeiler im Tempel Gottes, mit denen David das grosse Davidische Reich als ein prophetisches Zeichen des Reiches Gottes gegründet und ausgebaut hat. Das hat er mit solchen Menschen zustande gebracht.

Mit Jesus zusammen können wir jederzeit zum Vater kommen. Jesus sagt: «Vater, hier – mein Bruder, meine Schwester, meine Freundin, mein Freund!» Darum bekennen wir auch Sünde, weil Jesus in uns lebt und weil es uns Freude macht, Freund von diesem Jesus zu werden: Wir wollen sein wie er! Wir spüren: Es geht ihm dabei gar nicht um unsere Sünden, es geht ihm ja darum, dass er uns zum Vater führen kann.

Wir wollen eine Welt für Jesus gewinnen! Aber wir können Sünder nur gewinnen, wenn in uns keine Sünde mehr ist, die uns beherrscht. Das ist das Paradoxe: Es gibt viele Menschen, die immer noch mit einem Bein in der Welt stehen wollen, weil sie meinen: Ich will doch noch Freundschaft haben mit der Welt; ich will noch offene Türen, damit ich auch mit den Menschen in der Welt draussen noch verkehren kann. Aber das ist eine falsche Logik.

Jesus sind sie zu Tausenden nachgelaufen; und der Oberzöllner sass auf dem Baum, um einen Blick auf diesen Jesus zu erhaschen! Einer der Jünger Jesu war Zöllner, ein anderer war Zelot, ein Rebell. Warum sind sie Jesus nachgelaufen? Warum konnte diese Zöllner-Clique mit Jesus ein Fest feiern, wo es fröhlich zuging? Warum konnte man in Kana ein richtiges Fest feiern, so dass sie vor lauter Freude und Jubel nicht einmal merkten, dass es keinen Wein mehr gab? Weil in Jesus die Sündlosigkeit und Reinheit war.

Nur der Reine kann den Sünder annehmen

«Den Reinen ist alles rein.» (Tit.1,15) Nur der Reine kann den Sünder annehmen – und zwar so annehmen, dass er nicht die Sünde an ihm sieht, sondern das Geschöpf, das Kind dieses Ewig-Vaters, für das Jesus sein Leben gelassen hat. Er hört den Schrei des Vaters, bis dieses Kind heimkommt an sein Herz. Darum sind die Sünderinnen und Sünder, die Ehebrecher und Zöllner zu Jesus geströmt, weil er rein, sündlos war! Darum tun sich die Menschen in unseren Gemeinden manchmal so furchtbar schwer, weil wir eben noch mit Sünde belastet sind. Weil wir selber in uns noch Sünde haben, sehen wir im andern zuerst die Sünde, anstatt dass wir das Geschöpf Gottes sehen. Das ist es, was Jesus sagt: Weil wir noch *«den Balken im eigenen Auge»* haben, müssen wir *«den Splitter im Auge des andern» (nach Mat. 7,3)* sehen. Weil ich selber unrein bin, sehe ich die Unreinheit im Anderen!

Das Erstaunliche ist: Wenn du dich durch das Blut Jesu Christi reinigen lässt, wenn du ins Licht kommst und bist, wer du bist – eben nicht mehr scheinheilig, sondern mit allem, was noch nicht erlöst ist, wo's noch hapert und wo du noch hinkst – , dann wirst du erleben, dass auch die Menschen zu dir kommen: Ungläubige, Menschen buchstäblich aus der «Gosse», aber auch hochgestellte Leute aus der Wirtschaft, der Industrie, der Wissenschaft.

Warum hat Gott den *Joseph* durch das Gefängnis so geschult? Diesen selbstgerechten, stolzen jungen Mann mit seinen grossartigen Träumen, dass sich Vater und Mutter und alle Brüder einmal vor ihm verneigen werden – Sonne, Mond und Sterne vor ihm als dem Mittelpunkt! Das waren ja echte prophetische Träume; aber zuerst musste Gott Joseph von allem Stolz reinigen. So hat Joseph gedient, unschuldig im Gefängnis, hat den anderen das Essen gebracht, musste bei Potiphar zuerst den Putz machen, WCs putzen usw. – ohne Lohn, ohne Nix, einfach der Sklave! Aber dadurch ist er zum Vater des Pharao geworden! Er konnte den Pharao annehmen. Pharao hat gespürt: Das ist nicht einer, der zuerst alles in mir sieht, was noch nicht der israelitischen Religion, der Religion der Väter dieses Mannes, entspricht. Nein, Joseph hat das Herz dieses Mannes gesehen. Er hat gewusst: «Gott ist auch der Gott über diesen Ägypter! Es gibt nur einen Vater, einen Ewig-Vater für diesen Pharao.»

So sind Männer wie Daniel und Joseph zu Vätern geworden. Gewaltige Kaiser und Könige haben sich ihnen anvertraut, Machthaber von Weltreichen. Warum? Weil diese Männer Gottes nichts mehr gemein hatten mit der Sünde! Darum brauchen wir Gemeinden – nicht scheinheilige Gemeinden, nicht gesetzliche Gemeinden, sondern Gemeinden von Menschen, die von Jesus Christus berührt sind und verwandelt werden, und die nicht mehr unter der Herrschaft der Sünde leben. Darum können sie einen Sünder, der in die Gemeinde kommt, mit Freude empfangen. Sie tasten ihn nicht zuerst ab, beschnuppern ihn und fragen: Was bringt der wohl? Was ist das für ein schiefer Vogel? Das war das Geheimnis von *William Booth,* dem General der Heilsarmee. Er war ein Mann, der im Feuer der ersten Liebe lebte, der die Kraft des Blutes Jesu kannte. Darum konnte er auf die Gasse gehen; und die Menschen sind gekommen wie die Fliegen und haben sich später eine Uniform anziehen lassen, haben ihre Instrumente gespielt und Jesus gepriesen auf den Gassen mitten im Alkoholikerelend der damaligen Zeit.

Sünde verhindert Leben

Wir können nur durch Jesus zum Vater kommen. Dabei bekennen wir unsere Sünde. Aber eigentlich geht es überhaupt nicht um die Sünde, sondern es geht um das Leben! Sünde bringt immer Tod, immer! Auch die kleinste Sünde, alles, was irgendwo nicht in den Ordnungen Gottes ist, verhindert Leben! Das ist auch nicht eine Frage der Moral. Wir predigen in der Kirche keine Moral. Das haben wir lange genug getan, bis sich die Leute abgewandt haben! Wir wollen keine braven Leute in der Kirche, und vor allem keine langweiligen Leute! Kürzlich hat ein Pfarrer erzählt, dass einer seiner Konfirmanden mit Kreide auf eine Bank geschrieben hat: «Hier starb einer an Langeweile», und dann ward er in der Kirche nicht mehr gesehen. Aber die Kirche ist ein Ort des Lebens!

Sündenbekenntnis ist mit Schmerz verbunden, mit Reue und Tränen, und manchmal auch mit viel, viel Kampf gegen die Scham, die in einem hochkommen will. Aber sind wir nicht viel fröhlicher, vergnügter geworden, seitdem wir unsere Sünde bekannt haben? Breitet sich nicht so etwas aus wie Freude, Perspektive, Erwartung, Gemeinschaft? Leben nennt man das! Gott hasst die Sünde deshalb so sehr, weil sie das Leben zerstört. Es ist der «Vater aller Lüge», der uns immer weismachen will, Gott gönne uns das Leben nicht. Unsinn! Dieses Leben, das die Welt uns bietet, ist Doping-Leben, das uns zwar beflügelt zu scheinbarem Leben, zu Rausch und zu Medaillen, zu Ehre und einem schillernden Namen, aber hinterher büssen wir es. Jede Sünde muss bezahlt werden. Entweder bezahlst du sie mit deinem Leib, deiner Seele, deinen Beziehungen, deinem Geist – oder Jesus bezahlt sie! Jesus hat am Kreuz bezahlt für alle Sünde, du musst nicht mehr bezahlen, er hat die Strafe getragen. Darum können wir nur durch Jesus zu Gott kommen.

Gott erkennen

Manchmal geschieht es, dass Gott einfach durch seine Liebe Menschen mit seiner Vaterliebe berührt, weil es ihn überwältigt und er nicht mehr an sich halten kann. Aber was wissen wir, wie lange schon ein Schrei in diesem Herzen drin war? Wie lange der Weg gewesen ist, bis einer spürt, dass der Vater ihm begegnet, und wo das Herz, der Geist und die Seele plötzlich jubeln: «Ich bin angekommen im Vaterhaus!»

Das Evangelium sagt klar: Liebe wird *«erkannt»*. Das ist nicht einfach nur eine Erfahrung – die gehört auch dazu – , aber zur Liebe gehört das «Erkennen». Darum ist Sexualität, die kein Erkennen ist, eine Lüge! In ihr drin ist der Tod! Die Bibel sagt: Wenn Mann und Frau sich einander schenken, dann «erkennen» sie sich. Da beuten wir einander nicht aus, da sind wir nicht Objekte der Lust, da machen wir nicht wieder eine geschlechtliche Erfahrung, sondern wir «erkennen» einer den anderen, wer er in der Tiefe wirklich ist. Wir gehen ein Stück näher auf das Geheimnis des andern zu, wir «erkennen» ihn.

Jesus hat in Nazareth 30 Jahre lang Gehorsam und Unterordnung gelernt. Gleichzeitig hat er aber auch seinen himmlischen Vater «erkannt», schon im Tempel als Zwölfjähriger; und sooft er ihn suchte, erkannte er wieder ein Stück mehr von diesem Vaterherzen. *Saint-Exupéry* hat dieses Kennenlernen schön ausgedrückt in dem Bild vom kleinen Prinzen und dem Fuchs, wo der kleine Prinz zu dem Fuchs sagt: «Weisst du, wir müssen zuerst einen Weg machen miteinander, einander kennenlernen, einander erkennen – wer du bist, wer ich bin.»

Ein solches Erkennen ist ein wunderbarer Weg. Ich bin schon im Mutterleib von meinen Eltern dafür gesegnet worden; und schon im Mutterleib drin hat mein Erkennen begonnen, wer dieser Vater ist. Es ist ein wunderbarer Weg, immer mehr zu erkennen; und er hört nicht auf, bis wir vom Glauben zum Schauen kommen, bis wir völlig erkannt haben, so wie Gott uns schon völlig erkannt hat. Das ist das Besondere an der Liebe Gottes: Er hat dich schon vollständig erkannt, so wie dich kein Psychologe erkennen kann, kein psychologischer Test, keine Analyse, kein Computer mit allen Eingaben, die du reingeben kannst. Nur Gott kann dich so in der Tiefe erkennen, und zwar vollkommen, vollständig, weil er dein Schöpfer ist.

Früher habe ich oft zugeschaut, wie man Kälber säugt, in der Regel war das die Aufgabe der Bauersfrau. Das ist harte Arbeit, wenn die Kälber mit ihrem Ungestüm und ihrem Maul in das Gefäss hineindrängen und alles herumspritzt, bis du endlich deine Finger in ihrem Mundwerk drin hast, damit sie lutschen können. Das dauert enorm lange, bis Kälber überhaupt lernen, anständig zu saugen! Das sieht man oft auch bei Säuglingen, wenn sie Hunger haben und sich so an die Mutterbrust drängen und gar nicht merken, dass man nicht beissen muss, sondern saugen soll!

Und so stellen wir uns auch in der Beziehung zum Vater im Himmel oft ungeschickt an! Wir brauchen den Heiligen Geist! Zum Erkennen gehört auch ein Weg; und es ist Gnade Gottes, wenn ein Hauch, eine Berührung der Vaterliebe dich erreicht. Eine wunderbare Gnade! Gott will dich allmählich an sein Herz heranziehen und dich lehren, wer er ist, was Vaterschaft, Ewig-Vaterschaft, überhaupt ist! Je mehr dein Herz frei wird von den Lasten der Vergangenheit, desto mehr wird dein Geist frei, erkennen zu können. Er ist dann nicht ständig gebunden an die Seele, und die Seele mischt nicht ständig mit und sendet falsche Signale.

Ewig-Vater – Urgrund des Vertrauens

Der Ewig-Vater! Als Jesus mit dem Evangelium von der Erlösung kam, war es seine Absicht, dass wir wieder zurückkehren können in das Vaterhaus und wieder einen Vater haben. Wir brauchen diesen Vater. Ohne ihn können wir in der Zeit, aber auch in der Ewigkeit nicht leben. Wir sind hier auf einem Stern, der sich dreht. Wir sind in einem gewaltigen Universum, von dem wir noch nicht alle Geheimnisse kennen. Wir können unserer Lebenslänge nicht eine Elle zusetzen, auch wenn unser Leichnam in den Gefrierschrank getan wird. Wie willst du mitten in einer Welt bestehen, in der alles im Umbruch ist? In einer Welt, die sich immer schneller dreht? Dabei heisst die Lüge: Es wird sicherer und sicherer ...aber im Grunde genommen wird es immer unsicherer und unsicherer. Wir zelebrieren die Wetterprognose bei der Tagesschau wie eine Liturgie. Da stehen die «Propheten», fahren auf der Landkarte herum und wissen so genau, wo jetzt dieses Tief ist und jenes Tief steckt; und da predigen sie den Wetterbericht, wie früher das Evangelium gepredigt worden ist – und wir sind manchmal so naiv zu glauben, dass das Sicherheit ist.

Josua hat einmal gesagt: *«Sonne, stehe still zu Gibeon, und Mond im Tal von Ajalon!» (Josua 10,12)* Das hat keine Wetterprognose vorausgesehen, dass die Sonne stillgestanden ist und ein ganzer Tag gefehlt hat. Dies ist keine Legende, sondern die Wahrheit – wie es auch wahr ist, dass ein gewaltiges Erdbeben stattfand, als Jesus am Kreuz starb. Die Gräber gingen auf und Verstorbene erschienen in Jerusalem. Auch am Tag der Auferstehung Jesu ereignete sich ein Erdbeben, und Jesus wurde durch diese gewaltige Erschütterung mitaufgeweckt und hat seinen durchbohrten Fuss wieder auf diese Erde gesetzt.

«Mein Vater ist grösser als alles», sagt Jesus, *«und niemand kann euch aus der Hand des Vaters reissen.» (nach Joh. 10,29; Luther)* Jesus ist unser Freund, unser Bruder; und er hat nur ein Interesse: uns zu seinem «grösseren Vater» zu bringen, zu diesem gewaltigen Schöpfer-Vater, der alles in seinen Händen hat: Vergangenheit, Gegenwart und Zukunft. Jesus will uns an dies Vaterherz bringen, damit du und ich endgültig in den Urgrund des Vertrauens eingehen und auf dem Felsen einer ewigen Vaterschaft stehen können. Jeder von uns wird diesen Vater sehen. Er ist dein Vater! Jesus sagt: *«Mein Vater und euer Vater» (nach Joh. 20,17);* und er wird dein Vater sein, und er wird mein Vater sein.

Du wirst mit deinem Vater wieder deine ganz eigenen Erfahrungen machen. Es gibt einen Grundzug im Wesen dieses Ewig-Vaters, der durch alle Ewigkeiten hindurch gleich ist und sich nicht verändert. Aber er wird sich dir persönlich auch immer wieder auf ganz besondere Weise offenbaren. Er hat sich Paulus anders offenbart als Petrus, Johannes oder Timotheus. Das ist das Wunderbare! Du hast einen persönlichen Vater, und eben in diesem Vater auch noch eine persönliche Mutter! Er ist der Vater, der dir gleichzeitig in der persönlichen Mutterschaft begegnet. Du wirst dann sagen können: «Mein Vater! Mein!»

Ewig-Vater – der Vater der Schöpfung

Wenn wir von diesem Vater erzählen, dann geschieht dies immer auch aus der Perspektive, wie wir ihn selbst erlebt haben. Die Evangelisten haben davon erzählt, wie sie die Vaterschaft Gottes durch Jesus erlebt haben. Er ist das ewige Wort – das gehört zu seinem Wesen. Und dieser Gott ist ein Vater der Schöpfung: Er hat nicht nur eine Schöpfung mit ein paar Urknalls zum Laufen gebracht und dann das richtige Programm eingegeben, damit die Sache sich multipliziert, sondern er hat dieses Universum als ein Vater geschaffen – nicht nur ein genialer Schöpfer, ein Vater! Und eben darum, weil *ein Vater* dieses ganze Universum geschaffen hat, will er, dass nichts verloren geht. Es ist seine Schöpfung, seine Vater-Schöpfung!

Darum kann Jesus sagen: *«Der Vater ernährt die Raben»*. Oder er sagt: *«Seht doch die Lilien: Gott kleidet sie, der Vater kleidet sie mit all dieser Pracht, obwohl sie heute blühen und morgen abgehauen und in den Ofen geworfen werden.» (nach Luk.12,24+27)* Es ist ein Vater, der diese Schöpfung gemacht hat. Es ist ein Vater, der dich in seinem Herzen als Bild getragen hat. Und er hat dich in diese Welt hineingeboren werden lassen, indem zwei Menschen ihr Leben gegeben haben, ihren Samen und ihren Mutterleib, damit du werden konntest. Es ist der Schöpfer-Vater, der dich geschaffen hat, nicht der Zeugungsakt eines Menschen. Gott ist allwissend, allmächtig – es ist seine Schöpfung. Wir können diese Schöpfung zerstören, können Leben abweisen, vernichten. Darum musste Jesus am Kreuz sterben, um dies alles wieder herzustellen, damit Leben wieder möglich ist, und dass auch diese Schöpfung wieder erreicht wird von der Erlösung. Diese Schöpfung kann sich wieder mitfreuen, kann mitjubeln. Schon die Psalmisten haben gesagt: *«Ihr Wälder, klatscht in die Hände! Ihr Inseln, jubelt! Ihr Berge, frohlockt! Donnere, du Donner, zur Ehre Gottes! Ihr Wasser, rauscht!»* Unsere Schöpfung soll wieder mit uns zusammen Gott anbeten können!

Als wir vor einigen Jahren in Ephesus waren, in diesen Ruinen dort, waren wir im Amphitheater, dem Ort, der einst u. a. als Tagungsstätte für das politische Gremium gedient hat. Wir waren ganz oben und haben als Gruppe gebetet. Wir haben prophetisch über diesem Trümmerfeld gesprochen, aber zugleich auch symbolisch über dem Trümmerfeld der Kirche, die viel gearbeitet hat, die sich gemüht hat, Ausdauer gehabt hat, die es sich so viel hat kosten lassen, um ihren Gott zu ehren. Wir haben neu die erste Liebe ausgerufen über alle Trümmer der Kirche, des Leibes Jesu, die dort so sichtbar herumgelegen haben. Da lagen wunderbare einzelne Trümmerstücke, behauen mit Friesen und herrlichen Symbolen. Wir haben prophetisch gesagt, dass diese Stücke zusammenkommen sollen in die Herrlichkeit des Leibes Jesu. Wir haben das Amen gesprochen – und auf derselben Höhe uns gegenüber sass auf einem Strauch ein Vogel, der sein Lied schmetterte über diese Trümmerstätte hin. Es war wie von Gott: die Schöpfung, die verstanden hat, dass ihre Erlösung naht! Dieser Jubelruf eines Vogels, der verstanden hat: Mein Schöpfer, der mich ernährt, der Ewig-Vater in Jesus Christus, kommt noch einmal auf diese Welt.

Das Vaterherz ist dem Schwachen zugewendet

Es ist so schön zu sehen, dass sich das Vaterherz gerade dem Schwachen zugewendet hat. Wenn wir die Heilungsgeschichten von Jesus durchgehen, werden wir feststellen: Der Grossteil aller Krankenheilungen – mit ein paar Ausnahmen wie bei dem Töchterlein des Jairus und dem blinden Bartimäus – betrifft Menschen, die keinen Namen haben. Es sind Menschen, bei denen einem die Hilflosigkeit, das Elend entgegenkommt. Sie sind geschlagen, nicht nur mit Taubheit, auch noch mit Sprachlosigkeit und Stummheit; sie sind geschlagen als Blindgeborene, als Lahme, die sagen: *«Herr, ich habe keinen Menschen, der mich in den Teich bringt.» (Joh. 5,7)* Oder denken wir an die «blutflüssige Frau», das Häufchen Elend: Alles Vermögen ist aufgebraucht, und Jesus führt sie zum Vater und gibt ihr die Würde zurück. Davon ging nicht mehr ein Weibchen, das gebeugt war von Scham und das seine Gebrechen verstecken musste vor der ganzen Welt; sondern davon ging eine Frau mit einem geraden Rücken, eine Tochter Abrahams und eine Tochter dieses Ewig-Vaters, die Sicherheit, Urvertrauen und einen neuen Wert gefunden hat.

Jesus sagt auch einmal: *«Sehet zu, dass ihr keinen dieser Kleinen verachtet!»* Wo du denkst: «Das ist unwichtig, der hat nichts zu sagen!» oder: «Wer ist das schon? Ist ja unbedeutend!», da sagt Jesus: *«Die Engel dieser Kleinen, dieser Unbedeutenden, Unscheinbaren, sehen alle Zeit das Angesicht meines Vaters!» (nach Mat.18,10)* Diese Unscheinbaren – die sogenannt Anonymen, Hinz und Kunz, Keller und Meier – haben einen Engel, der immer grünes Licht hat, um zum Vater zu gehen. Nicht alle Engel können vor den Vater gehen, viele stehen in grossem Kreis um den Thron; aber diese Engel der Schwachen sehen alle Zeit das Angesicht des Vaters! Was ist das für ein Vaterherz! Das ist doch der Schöpfervater, der Vater, der nichts verloren sein lässt! Bei Behinderten liegt manchmal so ein Schein auf den Gesichtern, der ein Abglanz des Ewig-Vaters ist, den der Engel in dieses Leben hineinbringt. Das Lächeln eines Sterbenden, das Leuchten, das plötzlich noch über sein Gesicht geht! Vielleicht nach einem Todeskampf, der dann vorbei ist; und plötzlich entspannt sich das Gesicht, und es tritt so etwas wie ein Lächeln auf dieses Gesicht. Was ist das? Es ist der Ewig-Vater, der gewaltige Vater unseres Herrn Jesus Christus, der sagt: «Willkommen, mein Sohn! Willkommen, meine Tochter! Der Kampf ist vorbei, du bist im Vaterhaus durch die Wundmale Jesu Christi, weil du wiedergeboren bist zu einem neuen Leben!»

Denken wir einmal daran, was die Witwen in den Evangelien für eine Rolle spielen! Jesus steht am Opferstock und greift aus den vielen diese eine Witwe heraus, die kommt und ihren Pfennig bringt, weil sie nicht mehr hat. Jesus trommelt seine Jünger zusammen, hält ihnen eine Rede und sagt: *«Ihr Jünger, seht diese Frau! Eine Heldin in meinem Reich! Eine wahre Tochter des Ewig-Vaters! Sie hat diesem Ewig-Vater alles gegeben, was sie hatte, diesen einen Pfennig!»(nach Mark. 12,43+44)* Oder denken wir an die Geschichte in Nain (Luk.7,11–17), wo Jesus im Innern ergriffen wurde, als eine Witwe ihren einzigen Sohn im Sarg aus der Stadt heraustrug. Jesus stand still und weckte den Sohn von den Toten auf. Das Herz eines Vaters!

Oder denken wir in diesem Zusammenhang an das «Gleichnis vom barmherzigen Samariter», oder an die «Frau am Brunnen», oder auch an die Szene, wo Jesus in seiner Verkündigung unterbrochen wurde und die Mütter mit den Kindern von den Jüngern weggeschickt werden sollten. Aber da hat Jesus gesagt: *«Bringt die Kinder zu mir!»(nach Mark. 10,14),* und er nahm sie auf den Arm und herzte sie.

Wie ich persönlich den Vater erfahren habe

Vielleicht noch ein paar Stichworte, wie ich «meinen Vater» erfahren habe. Ich habe ihn als einen Vater erfahren, der geduldig ist, der mich immer wieder sucht und mich nicht fallen lässt – all meinem eigenen Versagen zum Trotz. Jesus hat einmal gesagt: *«Der Vater richtet niemand, sondern hat alles Gericht dem Sohn übergeben.» (Joh. 5,22; Luther)* Du wirst einmal am Jüngsten Gericht nicht vor dem Vater stehen, sondern du wirst – wenn du ihm nicht dein Leben hier auf Erden schon übergeben hast – vor Jesus Christus als dem Weltenrichter stehen. Ihm hat er das Weltgericht übergeben, bei dem es heisst (Mat. 25,31–46): Die Gesegneten des Vaters hierhin; und diejenigen, die noch unter dem Fluch sind, zu dieser Seite. Es wird nicht der Ewig-Vater sein, der richtet, sondern es wird das Lamm Gottes sein, der ewige Sohn

Gottes mit den Wundmalen, der sein Leben für dich und für mich gelassen hat, der sich dem Vater unterordnet. Er wird vor dir stehen, und er wird das Urteil sprechen – nicht der Vater.

Der Vater, der ist der Richter im «Lohngericht»; d. h. es ist das Vorrecht des Vaters, seinen Kindern Lohn auszuteilen. Das ist die Freude eines Vaters, das hat er sich vorbehalten. Das wird etwas Wunderbares sein. Ach, wie freue ich mich schon darauf. Es gibt Christen, die sind so verkorkst und verklemmt, dass sie nicht glauben können, dass man einen Lohn bekommt im Himmel. Wir sind ja gute Evangelische, die nicht für Lohn arbeiten, sondern die allein aus Gnaden selig werden! Aber Gott ist souverän; und wenn er gut sein will, so ist das seine Sache! Gott wird sich einmal sehr viel Zeit nehmen, Lohn auszuteilen. Da werden wir noch staunen! Das wird ein Jubel sein! Da ist kein Neid und keine Eifersucht mehr! Da ist kein Konkurrenzdenken mehr, sondern nur noch Jubel und Freude über einen Ewig-Vater, der so unbeschreiblich gütig ist! Wenn wir dann sehen, wie Menschen, die keinen Namen gehabt haben, in keinem Geschichtsbuch verzeichnet sind, vielleicht überhaupt nie eine Kirche betreten haben, nach vorne gerufen werden, und der Vater sagt: *«Hier, für dich!»*

Die Engel blasen dabei den grossen Tusch mit ihrer Kapelle; und wir alle – diese Millionen und Millionen und Milliarden – werden in den Jubel einstimmen und in die Freude über den Ewig-Vater, der seinen Lohn austeilt, der uns noch verwöhnt in der Ewigkeit, wo wir ja gar keine Geschenke mehr bräuchten! Wir haben ja alles! Aber Gott ist ein Gott des Reichtums und der Fülle! Wenn er dann endlich mal darf, weil wir hier in dieser Zeit zu wenig kühn gewesen sind, dann wird er dir zeigen, was er dir hier unten schon alles geben wollte!

So habe ich meinen himmlischen Vater immer wieder erlebt. Viel, viel Angst habe ich oft gehabt, weil ich dachte: «Jetzt ist Schluss! Der Krug geht zum Brunnen, bis er bricht!» Aber der Vater hat mich immer wieder gesucht. Beim Propheten Jesaja heisst es: *«Ich streckte meine Hand allezeit aus nach einem störrischen, widerspenstigen Volke.» (65,2)* Und so hat der Vater mich immer wieder gesucht. Ich wüsste niemanden, der so ermutigen kann, der so aufmerksam ist, der so mein Herz kennt und das, was mir Freude macht, der mich so aufbauen kann – wie dieser Vater! Er weiss um meine innersten Geheimnisse, er weiss, was ich brauche.

Ich hatte *einen Punkt,* wo ich am meisten Mühe hatte mit dem Vater. Ich hatte meine *Not mit der Gesetzlichkeit* und litt viel unter falschen Schuldgefühlen, natürlich noch mehr unter der echten Schuld; und früher wusste ich gar nicht, wie man davon frei wird. Da gab es noch keine «Sündentonnen» wie heute manchmal in Veranstaltungen, wo Menschen ihre Sünden deponieren und unter die Vergebung bringen können; und die Beichte war bei den Reformierten noch nicht erfunden, sie war noch ein sektiererisches Unternehmen. Da kam ich immer wieder in grosse Not und dachte: «Jetzt straft er mich!» Ich habe dann die Schultern zusammengezogen; und diejenigen, die mich kennen, wissen, dass ich immer wieder gegen diese eingefallenen Schultern kämpfen muss. Das kommt noch aus einer Zeit, wo ich automatisch die Schultern vor meinem Vater eingezogen habe, weil ich dachte: «Jetzt kommt's! Es ist vielleicht besser, die Schultern ein bisschen einzuziehen; und vielleicht sieht er, wie demütig ich vor ihm stehe, und erbarmt sich dann doch noch…»

Ich musste mühsam lernen und erkennen, dass mich mein Vater nicht straft – endgültig nicht straft, sondern dass er mich erzieht. Die Strafe – im Sinne von Busse, wo ich etwas abzahlen muss – hat Jesus getragen: *«Die Strafe lag auf ihm, damit wir Frieden hätten.» (nach Jes.53,5; Zürcher/Luther)* Ich musste also diese Unterscheidung lernen, *dass ich einen Vater habe, der mich nicht bestraft, sondern erzieht.* Er will mich zu einem Mann machen. Ein Vater will einen Sohn, einen richtigen Sohn. Einen Sohn, der seinen Vater repräsentiert. Einen Sohn, der Verantwortung übernimmt. Einen Sohn, auf den der Vater stolz ist und sagt: «Ich werde dir alles geben, und ich will dir alles zeigen!» Das sind Herausforderungen! Zuerst habe ich das immer missverstanden und verwechselt. Heute bin ich dankbar, wenn solche Herausforderungen kommen!

Das kennen alle geistlichen Leiter, Pastoren und Pastorinnen: Es gibt Zeiten, wo alles rund läuft wie geschmiert. Du guckst in die Bibel, und es springt dich ein Textwort an; und kaum hast du's gelesen, steht schon der Rohbau einer Predigt vor dir. Es fliesst einfach, du kannst dich kaum wehren. Und du freust dich schon auf die nächste Predigt, weil schon so viele Ideen herumflattern. Aber dann gibt es manchmal Zeiten, da gehst du plötzlich durch die Wüste. Du blätterst in der Bibel, und da ist vieles rot angestrichen; und du erinnerst dich an die schönen Zeiten, als dich das alles so angesprungen hat und als du aus dem Vollen schöpfen konntest. Inzwischen weiss ich: Jetzt muss ich mich in dieser Wüste nicht anklagen; und ich denke auch nicht, Gott bestrafe mich oder stehe mir auf dem Schlauch, sondern Gott will mich in etwas Neues hineinführen. Er will mich etwas Neues lehren. Dann sage ich: «Danke, Vater, es ist zwar etwas mühsam und aufregend, aber ich bin einverstanden. Okay, machen wir das nächste Erziehungsprogramm!» Anfänglich schwitzt man da, und dann sagt man wieder: «Vater, zusammen schaffen wir's. Miteinander springen wir über die Mauern!»

Nichts kann uns von Seiner Liebe scheiden

Schliesslich werden wir an einen Punkt kommen, wo wir sicher sind, soweit wir Menschen überhaupt sicher sein können, und wie Paulus sagen: *«Ich bin überzeugt, ich weiss es, dass nichts mehr mich scheiden kann von der Liebe Gottes.» (nach Röm. 8,38+39)* Glauben wir das, dass wir an diesen Punkt kommen? Dahin, wo wir den Vater, den Ewig-Vater, so erkannt haben, dass wir wissen: «Dieser Vater, der straft mich nicht, er zerstört nicht, nimmt mir nicht etwas weg, um mein Leben ärmer zu machen – sondern dieser Vater erzieht mich, baut mich auf als seine Tochter, seinen Sohn, damit ich etwas werde zum Lobe seiner Herrlichkeit.»

Das war die Lektion, die Jesus gelernt hat. Als Petrus mit dem Schwert zugeschlagen hat im Garten Gethsemane, hat Jesus gesagt: *«Steck dein Schwert in die Scheide! Meinst du, ich könnte meinen Vater nicht bitten, dass er mir mehr als zwölf Legionen Engel schickt, und zwar sogleich?» (nach Mat.26,52+53)* Zwölf Legionen wären 72 000 Engel – stellen wir uns einmal vor, wie diese Handvoll römische Legionäre und Bedienstete des Hohenpriesters erschrocken wären, wenn plötzlich 72 000 Engel im Garten Gethsemane mit ihren Flammenschwertern gestanden hätten! Sie sind ja schon umgefallen, als Jesus sagte: *«Ich bin's!»* Und wenn dann noch 72 000 Engel da gewesen wären…!

Jesus hat absolut gewusst: Mich kann nichts von meinem Vater und von seiner Liebe trennen. Er hätte die Möglichkeit gehabt, seinem Vater zu sagen: «Vater, ich brauche die Engel!» Aber Jesus hat darauf verzichtet, weil er wusste: *«Die Schrift muss erfüllt werden» (nach Mat. 26,54);* und weil er gewusst hat: «Nichts, nichts, nichts kann mich scheiden von der Liebe meines Vaters! Er bleibt mein Vater! Auch wenn ich zur Sünde werde, wenn ich diese Hölle der Gottesferne erlebe, wenn die Qualen der Krankheiten durch mich millionenfach hindurch ziehen, wenn die Schläge wie Elektroschocks durch mich hindurch gehen – alles, was an Mord, Totschlag, Folter und Hass je über diese Erde gezogen ist und noch ziehen wird!» Das alles ging in Millionen Qualen durch Jesus hindurch – durch seinen Geist, seine Seele, seinen Körper. In dieser Gottesferne sagte er: *«Mein Gott, mein Gott, warum hast du mich verlassen?» (Mat. 27,46)* und betete dabei einen Vers aus Psalm 22, damit die Schrift sich erfüllt. Aber Jesus wusste: «Nichts kann mich scheiden von der Liebe Gottes.»

Je mehr wir diesen Gott erkennen, desto mehr wissen wir: Wir kommen dahin, wo *«nichts, nichts, nichts mehr uns von der Liebe Gottes trennen kann, die Jesus uns offenbart hat» (nach Röm 8,38+39).*

An *einem weiteren Punkt* hatte ich etwas Mühe mit diesem Gott. Ich konnte ihn nicht in meine *fromme Logik* und meine Theologie einordnen. Ich hatte sehr viel Mühe zu verstehen, dass man Gott mit einer Theologie nicht fassen kann. Ebensowenig mit menschlichen Vorstellungen davon, wie ein Gott sich benehmen müsste – auch in Gottesdiensten! Gott hat offenbar eine andere Art Knigge, und dieser himmlische Knigge hat mir unheimlich Mühe gemacht. Wenn Gott mir nicht einen Engel in den Rücken gestellt und ich allmählich angefangen hätte zu erkennen, wie Gott ist, würde ich immer wieder einen Schritt zurückgehen. Aber ich erlebe: Gott ist Leben, und er ist unberechenbar und sprengt immer wieder alle Strukturen, die wir für ihn bauen, und alle theologischen Gefängnisse. Die Taubenkäfige gehen immer wieder auf; und da, wo wir gemeint haben, wir hätten etwas im Griff, haben wir es nicht mehr im Griff. Gott kannst du nicht einfangen; er hat sich offenbart in Jesus, aber er ist souverän.

Gott ist ein Geheimnis

Gott ist letztlich ein tiefes Geheimnis. Das berührt mich immer wieder. Es gibt ein Geheimnis Gottes, wo ich nur niederknien und diesen heiligen Gott anbeten kann. Da weiss ich: Da sind Welten und Welten, Äonen und Äonen von Geheimnissen in diesem Vater, die ich überhaupt noch nicht kenne. Die Ewigkeit ist vielleicht einmal dazu da, dass der Vater uns seine Geheimnisse offenbart. Nicht einmal Jesus wusste alle Geheimnisse seines Vaters! Er hat gesagt: *«Ich weiss den Tag nicht, wann ich wiederkomme werde. Das weiss nur der Vater.» (nach Mark. 13,32)* Er ist ein Gott voll von Geheimnissen. Ein Gott, wo man immer wieder auf die Knie fällt wie Paulus und sagt: *«O, welch eine Tiefe des Reichtums und der Weisheit und der Erkenntnis Gottes!» (Röm. 11,33) Was für einen gewaltigen Gott und Vater haben wir!* Anbetung heisst, immer wieder niederfallen und das Geheimnis dieses Wesens Gottes anbeten und sagen: «Danke, Gott, dass du dich mir schon so viel offenbart hast, dass ich um dein Herz weiss, und dass ich immer wieder meine Schuhe ausziehen und vor dieses Geheimnis treten kann. Denn du bist *heilig, heilig, heilig; kadosch, kadosch, kadosch* – der ‹Ich bin, der Ich bin›.»

Was wird das einmal sein, wenn wir diesen Gott in seinem Geheimnis sehen! Wenn wir ihn nicht nur durch das Wort der Bibel sehen und durch das Gesicht Jesu Christi, des Menschensohnes und Gottessohnes, sondern wenn wir diesen Gott in seiner Fülle sehen werden! In der Fülle des Lebens! Wenn wir überhaupt zum ersten Mal erfahren, was Leben ist, wirkliches Leben! Wenn wir an die Quelle des Lebens kommen! Wenn die vier Wesen, die um Gott herum sind, mit einer Donnerstimme sprechen! Wenn vom Thron Gottes Blitze und Stimmen ausgehen! Wenn wir wie die Propheten den Feuerwagen sehen, auf dem Gott daherbraust! Was wird das einmal sein, wenn wir vor diesem Geheimnis Gottes stehen, diesem Ewig-Vater, der alles in allem geschaffen hat! Er hat seinen Sohn gezeugt und geboren aus sich heraus, damit er dein und mein Freund und Bruder wird, damit er uns zurückführen kann ans Vaterherz, zum gewaltigen Ewig-Vater. Was wird es sein, Freunde, wenn wir Leben einmal wirklich empfinden! Nicht dieses Leben hier, das immer noch gezeichnet ist vom Tod, das sich immer wieder mühsam durchsetzen muss gegen alle Zerstörung, das immer wieder wie ein glimmender Docht ist, ein Zittern in unseren Herzen, ein Schrei. Leben ganz! Liebe ganz! Der Feuerofen, wie Luther gesagt hat, der Feuerofen Gott!

Du und ich – vor diesem Gott, dem Ewig-Vater, als seine Töchter und Söhne, verwandelt in das Bild Jesu Christi! Wenn wir diesen Gott anbeten werden! Ist es nicht wunderbar, dass Jesus uns das Vatergebet gelehrt hat? «Vater unser» – Luther stellt das «Vater» voraus! «Vater unser! Vater unser!» Wir können es millionenmal sagen, immer wieder: «Vater unser!» Ich weiss nicht, wie oft ich es gesagt habe. Ich wüsste kein einziges Mal, wo ich es mechanisch gesagt hätte! Es ist immer wieder unauslotbar – so wie der Vater, der Ewig-Vater, unauslotbar ist.

Erweckung heisst: Nahe an den Vater herankommen

Ich bin überzeugt: Erweckung heisst, dass wir dazu frei werden, an den Vater heranzukommen, damit unser Geist und unsere Seelen gestillt werden und wir den Ewig-Vater erkennen und auf den

Vatergrund kommen. Dann werden wir eine unüberwindliche Gemeinde! Unüberwindlich! *«Leben wir, so leben wir dem Herrn; sterben wir, so sterben wir dem Herrn. Wir leben nun oder wir sterben – wir gehören immer dem Herrn.» (nach Röm.14,8)* Ich glaube, wenn Erweckung kommt, wird noch einmal die Vatergüte, die Vaterliebe ausgegossen werden. Es hat ja schon begonnen mit der Ausgiessung des Geistes an vielen Orten der Welt, wo wir immer mehr erkennen, wer der Vater ist; und wo die Engel im Himmel jubeln über einen Sünder, der Busse tut, weil er wieder erkennt, wie Gott wirklich ist: *dass nichts, nichts, nichts Ihn hindern kann, sein Geschöpf wieder an sein Herz zu drücken.*

3

Das «Ja» des Vaters

Die entscheidende Lebensgrundlage

«Euer Herz erschrecke nicht! Glaubet an Gott und glaubet an mich! In meines Vaters Hause sind viele Wohnungen. Wo nicht, würde ich euch dann gesagt haben, dass ich hingehe, um euch eine Stätte zu bereiten? Und wenn ich hingegangen bin und euch eine Stätte bereitet habe, komme ich wieder und werde euch zu mir nehmen, damit auch ihr seid, wo ich bin. Und wohin ich gehe, dahin wisst ihr den Weg. Thomas sagt zu ihm: Herr, wir wissen nicht, wohin du gehst; wie können wir den Weg wissen? Jesus sagt zu ihm: Ich bin der Weg und die Wahrheit und das Leben; niemand kommt zum Vater ausser durch mich. Wenn ihr mich erkannt habt, werdet ihr auch meinen Vater erkennen. Und jetzt schon kennt ihr ihn und habt ihn gesehen.

Philippus sagt zu ihm: Herr, zeige uns den Vater, so genügt es uns! Jesus sagt zu ihm: So lange Zeit bin ich bei euch, und du hast mich nicht erkannt, Philippus? Wer mich gesehen hat, der hat den Vater gesehen; wie kannst du sagen: Zeige uns den Vater? Glaubst du nicht, dass ich im Vater bin und der Vater in mir ist? Die Worte, die ich euch sage, rede ich nicht von mir aus; der Vater aber tut seine Werke, indem er bleibend in mir ist. Glaubt mir, dass ich im Vater bin und der Vater in mir ist; wo nicht, so glaubet es doch um der Werke selbst willen! Wahrlich, wahrlich, ich

sage euch: Wer an mich glaubt, der wird die Werke, die ich tue, auch tun und wird grössere als diese tun; denn ich gehe zum Vater, und was ihr in meinem Namen erbitten werdet, das werde ich tun, damit der Vater im Sohn verherrlicht wird. Wenn ihr in meinem Namen etwas erbitten werdet, werde ich es tun.»
(Joh. 14,1–14)

Eine Ur-Frage der Menschheit

Es ist oft eigenartig, wie ganz tiefe Wahrheiten in Fragen zum Ausdruck kommen können. Philippus und Thomas haben gar nicht gewusst, wie sehr sie mit ihren Fragen etwas aufgenommen haben, das weit, weit, weit über diese scheinbar ungeschickten Fragen hinausgeht. Es ist eine tiefe Menschheitsfrage, wenn Philippus sagt: *«Herr, zeige uns den Vater, so genügt es uns!» Wir müssen den Vater kennen; und wenn wir den Vater kennen, dann ist es genug.* Dann haben wir sicheren Boden unter den Füssen, ein Fundament, das nicht mehr erschüttert werden kann.

Das hat seinen Grund darin, dass wir dieses «Ja» des Vaters brauchen, um lebensfähig und sicher zu sein. Die Schöpfung ist so angelegt, dass sie klein beginnt: als Samenkorn, ein Stempel, der bestäubt wird, eine Eizelle, die befruchtet wird. Es beginnt winzig klein im Verborgenen, unscheinbar, und mausert sich durch Finsternis und Verborgenheit hindurch tastend an dieses Licht, bis es schliesslich durchbricht durch den Muttermund oder durch eine Schale, die es festgehalten hat – bis diese Schale aufbricht und das Leben freigibt. Es beginnt so klein, so unscheinbar, so verborgen, so unansehnlich, ohne Form, ohne Ansehen, so wie es in bei Jesaja heisst: *«Er hatte keine Gestalt, kein Ansehen...» (nach Jes. 53,2)*

Das «Ja» des Schöpfers

So unansehnlich beginnt alles Leben. Alles, die ganze Schöpfung! Es gibt keine Instant-Schöpfung! Nichts beginnt ansehnlich, alles ist unansehnlich, verborgen, verhüllt und wächst und bricht durch in die Sichtbarkeit. Weil das so ist und alles in uns aus dieser Unansehnlichkeit und Verborgenheit heraus entsteht, harren wir sehnsüchtig dieses Wortes: «Du bist recht so. Diese Schöpfung ist gut! Akzeptiert! Geh! Lebe! Vermehre dich! Nimm deinen Platz ein! Es ist gut!»

Das sehen wir in der Natur. Ich bin einmal vor einem Grashalm gekniet, und an diesem Grashalm hat Gott mir nochmals die Würde seiner Schöpfung gezeigt. Ein Grashalm! Nur ein Grashalm! Nicht geschmückt durch irgendwelches Rankenwerk, keine Orchideenblüte, die daran hängt! Nichts von kühnen Blättern, die eingerollt sind! Nichts von Überraschungen wie bei der Königin der Nacht, welche dann wenigstens für eine Nacht blüht! Nur ein Halm. Aber was für eine Würde hat ein solcher Halm! Haben wir das schon gesehen? Er hat nichts, sich zu bedecken, nichts, um sich irgendwo noch zu präsentieren, sondern er ist der Halm. Er wiegt sich im Wind, lässt sich zertreten, wird gebogen, steht wieder auf. Ein Halm. Aber er hat über sich das Ja eines Schöpfers gehört, und das ist seine Würde. Sie wird zwar überschattet von diesem Nein des Menschen, das wir dann immer wieder auf die Schöpfung gelegt haben, wo wir gesagt haben: «Das taugt nichts, das ist Unkraut, dieses, jenes ...», und wo wir die grossen Jäger waren. Aber im Tiefsten und Letzten ist in dieser Schöpfung noch das Ja Gottes, des Schöpfers, eingeprägt.

Diese Lebewesen, diese Kreaturen, tragen noch die Würde in sich, dass sie wissen: Da hat einmal ein Schöpfer sein Auge auf mich geworfen und sich alles angesehen, und *«siehe, es war gut, es war sehr gut!» (nach 1. Mose 1,31)* Stellen wir uns einmal vor: die Würde eines Löwen, oder diese Würde einer Katze, einer Hauskatze, schlicht und einfach, aber wie sie sich räkelt, wie sie liegt! Da müssten wir lange in die Physiotherapie gehen, um eine solche Haltung zu gewinnen! So entspannt zu sein, so hingehaucht, hingegossen, und dann noch so elegant, ein Pfötchen über das andere ... Und dann so ein bisschen in die Sonne blinzeln, den Kopf ein bisschen schief, als hätte sie es im Spiegel geübt! Das ist dieses Ja eines Schöpfers, der einmal über diesem kleinen Katzenbiest gesagt hat: *«Es ist wunderbar, es ist gut!»* Dieses Ja schnurrt immer noch in dieser Katze! Was glauben wir denn, was die Vögel am frühen Morgen dazu treibt, ohne Futter, ohne Frühstück, einfach so vor sich hin zu trällern? Es ist dieses Ja eines Schöpfers! Da wird etwas zurückgegeben aus der Kehle eines kleinen Geschöpfes, das sich aufschwingen und fliegen kann. Dieser Jubel einer Lerche, die mit ihren Flügeln schlägt und singend hochsteigt über ihrem Nest!

Es ist das Ja des Schöpfers, das im Geschöpf noch nachwirkt, und gleichzeitig das Seufzen dieser Kreatur, die spürt, dass der Mensch, das Ebenbild Gottes, zerbrochen ist unter seinem Nein. Die Folge dieser Zerbrochenheit ist, dass der Mensch immer wieder von einem Nein her lebt und nicht unter diesem Ja; dass wir Menschen berufen sind, über diese Schöpfung zu herrschen, aber dass wir diese Schöpfung vergiften mit unseren eigenen vergifteten Herzen!

Wir brauchen dieses Ja! Der erste Mensch hat dieses Ja gehabt, und darum konnte er nackt vor seinem Gott sein. Was brauchst du Kleider – «Kleider machen Leute» –, wenn du ein solches Ja deines Schöpfers gehört hast? Was musst du noch anstellen, um vor Gott und der Schöpfung irgendetwas darzustellen? Da war ein Schöpfer und ein Vater, der gesagt hat: «Wunderbar! Du bist mein Ebenbild! Sehr gut!» Und dieses *«sehr gut»* hat den Menschen freigesetzt zu *sein*!

Gebrochene Vater- und Mutterschaft

Alle Vaterschaft und alle Mutterschaft ist gebrochen, sie ist nicht mehr angeschlossen an diese lebendige Quelle. Sie ist nur noch wie ein Schattenwurf dessen, was Vaterschaft und Mutterschaft sein könnte. Das ist keine Anklage, sondern nur die Tatsache, die

Feststellung, dass wir Mutterschaft und Vaterschaft nur noch unter dem Kreuz der Versöhnung leben können.

Es gibt auch diese «guten Väter», es gibt diese «guten Mütter». Es gibt sogar die idealen Väter und Mütter. Es gibt diese Eltern, die sich aus tiefstem Herzen freuen auf die Geburt eines Kindes. Aber durch die Generationen lauert etwas in der Menschheit, wie ein Misstrauen, ein tiefes Wissen, dass der Mensch eben nur ein Mensch ist. Wir können uns also noch so viel Mühe geben und sind dann die perfekte Mutter und der liebende und besorgte Vater. Aber ein Kind spürt, ob dieses Ja ganz, total ist.

Darum fragen Kinder immer wieder: «Liebst du mich? Liebst du mich?» So kann es vorkommen, dass Söhne und Töchter, auch wenn sie schon verheiratet sind, immer noch diese Bestätigung von Vater und Mutter suchen. Was steht dahinter? Dieses Misstrauen in uns: Ist dieses Ja wirklich wahr? Gilt es unverbrüchlich, auch wenn ich mal neben den Schuhen stehe? Ist es ein Ja für immer oder ein Ja auf Widerruf? Gilt dieses Ja auch noch, wenn ich das Abitur nicht bestanden habe? Gilt dieses Ja noch, wenn ich mit einem Kind nach Hause komme, unverheiratet, und wenn ich nicht mal weiss, wer der Vater ist? Gilt dieses Ja, oder ist es ein Ja auf Widerruf?

Wenn Gott «ja» sagt, dann ist es «ja». Er ist die Wahrheit, Gott lügt nicht. Die Bibel sagt: *«Gott ist kein Mensch, dass er lüge.» (4. Mose 23,19)* Wenn Gott ja sagt, ist es nie ein Ja auf Widerruf, sondern dann ist es ein Ja, das besagt: «Ich schwöre dir, und ich schliesse einen Bund mit dir!» Und er hat diesen Bund mit dem Menschen besiegelt durch das Blut seines Sohnes. Wenn Gott ja sagt, ist es ein ewiges Ja. Unser Geist weiss es im Grunde genommen: Wenn dieser Gott ja sagt, dann gilt es. Darum hat Philippus diese phantastische Formulierung gebraucht: *«Zeige uns den Vater, so genügt es uns!»* Zeige uns den Vater, der die Wahrheit ist! Ich muss es aus dem Munde dieses Vaters hören: «Ja! Du bist meine Tochter, du bist mein Sohn! Es ist gut! Lebe! Nimm deinen Platz ein! Renn! Lauf, mit dem Wind im Gesicht!»

Es gibt ja die starken Väter, die irdischen Väter, zu denen wir hochschauen können. Die Töchter schauen an diesen Vätern hoch, und Söhne können an ihnen Mass nehmen. Aber wir wissen dann auch um die Gefahren eines starken Vaters, wenn ich als Kind so im Schlagschatten eines starken Vaters bin. Überall hin begleitet mich dieser Schlagschatten, und ich schreite aus und komme doch nicht in die ganze Grösse hinein. Oder da sind vielleicht noch versteckte Erwartungen, dass ein Bauernhof weitervererbt wird, ein Geschäft weitergeht, Erwartungen, dass das, was ein Vater in seinem Leben nicht hat realisieren können, er nochmals durch seinen Sohn leben will und so weiter. Es gibt dann auch die schwachen Väter, wo wir uns schämen, wo wir spüren, sie sind uns keine Hilfe, sie zeigen uns nicht, wie man leben kann. Es ist wie eine Last, die wir mittragen, durch die etwas in uns verkrümmt wird und wo manchmal Verachtung aufsteigt.

Christliche Elternhäuser

Wenn wir dann noch in einem christlichen Elternhaus aufgewachsen sind, kann es manchmal sehr, sehr kompliziert werden. Dann wird irdische Vaterschaft und Mutterschaft noch gekoppelt mit dem Gottesbild, und wir möchten doch in den Gemeinden die so wohlerzogenen und anständigen christlichen Kinder sein. Da gibt es so entsetzlich viel Leiden in christlichen Elternhäusern. Eltern, die ihre Kinder fast Tag und Nacht umbeten, sie mit ihren Tränen und Gebeten, Erwartungen und Hoffnungen manipulieren und in bestimmte Richtungen treiben wollen. Sie wollen sie behüten und bewahren vor der bösen Welt, sogar ihre Tagebücher lesen, wenn irgendwelche Signale auftauchen, um sie zu bewahren und zu verschonen. Christliche Elternhäuser! Eigentlich müssten auch wir als christliche Väter und Mütter sagen: Es ist eine gebrochene Vater- und Mutterschaft. Auch unsere Vater- und Mutterschaft ist ein Geschenk des Heiligen Geistes, und wir müssen unsere Kinder freigeben in die Hand Gottes. Wir müssen sie freigeben in ihre eigenen Wege hinein. Wir müssen ihnen auch das Erbe ausbezahlen, auch das Erbe an Zeit, an eigenem Raum, sie nicht «beglucken», ihnen nicht Steine aus dem Weg räumen. Wie viele Pfarrhäuser waren Abschussrampen für Menschen, die dann oft ganz andere Wege gegangen sind! Intellektuelle, Spötter, Kritiker, messerscharf, Produkte von Pfarrhäusern. Und Gott sagt: Lass das meine Arbeit sein! Du musst nicht der perfekte christliche Vater sein, du muss nicht die perfekte christliche Mutter sein. Ihr müsst nicht die perfekten christlichen Kinder haben. Ich bin der Gott, der sie geschaffen hat, und sie müssen mein Ja hören und nicht dein Ja, dein bemutterndes Ja, dein sorgendes Ja, dein aufmunterndes Ja, das doch im Grunde genommen nur wieder Manipulation ist. Was deine Kinder brauchen, ist dieses Ja eines Vaters, der die Wahrheit ist.

Das Ja des Vaters über Jesus

Darum hat Gott sein eigenes Ja über der Geburt seines Sohnes Jesus Christus gesprochen. Maria hatte ein tiefes Ja zu diesem Kind. Ich glaube, wenn je eine Mutter mit ganzer Hingabe ein Kind erwartet und dieses Kind auf dem Herzen getragen hat, dann war es Maria. Aber Gott wusste: Auch das Ja einer Maria genügt nicht! Gott hat über der Geburt seines Sohnes in diesem Stall sein Ja ausgerufen. Er hat die Himmel geöffnet, die Engel haben gesungen, der Stern wurde über dem Stall aufgezogen, die Kamele kamen, Gold, Weihrauch und Myrrhe wurden ausgeschüttet, Könige und Hirten beugten ihre Knie. Der greise Simeon im Tempel sprach nochmals stellvertretend für Gott dieses Ja über diesem Leben; und Hanna, die Prophetin, hat auch nochmals stellvertretend dieses Ja gesprochen, als Maria und Joseph mit ihrer Armeleute-Gabe kamen, diesen beiden Tauben, um das Opfer für ihren Sohn zu bringen.

Gott hat es sich nicht nehmen lassen, sein Ja in dieses Leben hineinzustiften für die dreissig Jahre Nazareth. Bei der Taufe dann – bevor alle öffentliche Ablehnung kam – hat Gott nochmals den Himmel über dem Jordan aufgerissen, und es erklang die Stimme eines Schöpfers und Vaters: *«Dies ist mein geliebter Sohn, an dem ich Wohlgefallen gefunden habe!» (Mat. 3,17)* Auf dem Berg der Verklärung (Mat. 17,1–13) tat sich der Himmel zum dritten Mal auf, als Gott dieses ganze Ja, diesen Glanz und diese Herrlichkeit eines Schöpfervaters über seinem Sohn ausgegossen hat. Unter diesem Ja ist dieser Jesus Christus aufgestrahlt, und sein Gesicht wurde wie die Sonne, seine Kleider weiss wie Schnee. Da hat er mit Mose und Elia gesprochen, bevor die Wolke sie wieder einhüllte und er mit seinen drei Jüngern wieder alleine war, um dann hinabzusteigen zu dem besessenen, epileptischen Knaben und danach hinaufzuziehen nach Jerusalem. Dort blieb der Himmel endgültig verschlossen, bleiern. Aber die Erde hat gebebt, die Felsen zerrissen, als dieser eine Gottessohn unter diesem bleiernen Himmel schrie: *«Eli, Eli lema sabachthani – Mein Gott, mein Gott, warum hast du mich verlassen?» (Mat. 27,46)*

Dieses Ja eines Vaters hat das Leben Jesu Christi geformt, geprägt, und unter diesem Ja ist er gelaufen, gewandelt im Geist. Unter diesem Ja ging er in die Häuser der Zöllner und Sünder. Unter diesem Ja liess er sich vor den kritischen Augen der Pharisäer und Schriftgelehrten von einer Sünderin mit den Tränen die Füsse waschen und mit ihren Haaren trocknen. Unter diesem Ja hat er die Werke Gottes wieder getan, diese Werke der Schöpfung. Und unter diesem Ja stand er vor Pilatus und sagte: *«Ja, ich bin ein König, ich bin in diese Welt gekommen, um Zeugnis abzulegen für die Wahrheit (nach Joh. 18,37); um noch einmal dieses Ja Gottes über einer zerbrochenen Menschheit auszurufen* – über klein gemachten Geschöpfen, über zerstörten Geschöpfen, über Geschöpfen im Schlagschatten ihrer Väter oder Mütter, in den Netzen von Erwartungen von Frauen und Männern, die ihnen einmal Autoritätspersonen waren; ich bin gekommen, um über ihnen noch einmal dieses Schöpfer-Ja auszurufen!»
Darum ist auch *«in Jesus das Ja und Amen auf alle Verheissungen Gottes» (nach 2. Kor. 1,20)*. In seinem Blut wurde dieser neue, ewige Bund für das Menschengeschlecht aufgerichtet, eine neue Menschheit ausgerufen. Jesus war der erste neue Mensch,

der zweite Adam, der Erstgeborene unter vielen Brüdern und Schwestern (Röm. 8,29).

Jesus – das Bild des Vaters

Jesus sagt: *«Niemand kommt zum Vater als durch mich!»*, und dann führt er weiter aus und sagt: *«Wenn ihr mich erkannt habt, werdet ihr auch meinen Vater erkennen. Und jetzt schon kennt ihr ihn und habt ihn gesehen.»* Später sagt er zu Philippus: *«Wer mich gesehen hat, der hat den Vater gesehen; wie kannst du sagen: Zeige uns den Vater?»*

Der Vater, von dem Jesus hier spricht und den wir nur in Jesus erkennen, ist keine Übertragung von unseren Liebesdefiziten. Wir können wunderschöne Bilder malen über Vaterliebe, so wie wir uns eben einen Vater gewünscht haben; und unsere Seele spinnt dann an diesen Bildern weiter, wie ein wirklicher Vater sein müsste. Das sind Bilder, Nachklänge von dem, was die Seele einmal gewusst hat, was in uns noch nachzittert. Aber damit gehen wir weit fehl.

Der Vater, der «Vater aller Vaterschaft», ist mehr als all die Bilder und Sehnsüchte unserer Seele. Mehr, mehr, mehr! Dieser Vater, der kennt dich durch und durch. Der liebt dich. Aber dieser Vater ehrt dich auch, *er ehrt dich.* Wissen wir, was das heisst? *Lieben* ist eines – aber *ehren* noch einmal etwas anderes. Er ist ein Vater, der dich nicht klein macht. Alles, was der Vater hat, gibt er den Söhnen und Töchtern. Nur das Beste ist gut genug: seinen Sohn, sein Herz, die Gaben seines Geistes, die Gemeinschaft mit ihm, dem Schöpfer und Vater, dass er sich uns zuneigt, Gemeinschaft mit uns haben will und uns die Füsse wäscht. Diese Liebe eines Vaters kann man nicht mit Worten beschreiben. Sie übersteigt unsere Sehnsuchtsbilder weit, weit, weit.

Das Türeknallen angesichts der Gnade

Wenn man anfängt, das Evangelium dieser Liebe zu verkündigen, dann fängt ein Türeschlagen an: dann knallen viele Menschen die Türen zu und gehen aus Wut und Entrüstung raus. Durch die ganze Bibel hindurch sieht man: Wenn dieser Vater auftaucht, dann gibt es ein Türeknallen, weil wir uns nicht vorstellen können, dass Gott so barmherzig ist, so liebevoll. Wir können uns das einfach nicht vorstellen. Er ist so barmherzig mit den Verlorenen, so gnädig, dass wir das schon wieder parteiisch finden. Übertrieben! Zu viel! Ausgeflippt!

Was war das für ein Türeknallen schon im Alten Testament und dann vor allem zur Zeit Jesu! Als im Gleichnis Jesu (Luk. 15,11–32) der *jüngere Sohn* nach Hause kam, hat der Vater ungefragt diese Riesenfete veranstaltet, und nur das Beste war dafür gut genug. Ein Böcklein hätte es ja auch getan, mit einer Sauce, die mit etwas Thymian und Majoran aufgebessert gewesen wäre, damit das Böcklein nicht mehr so «geböckelt» hätte. Aber Gott nimmt nur das Beste: das gemästete Kalb, das für die ganze Familie reserviert war. Und nicht genug: Am heiterhellen Tag, wenn andere Leute am Arbeiten sind, lässt er noch eine Kapelle auffahren, und das Tanzbein wird geschwungen, und es wird gegessen, getrunken, gefeiert und gesungen. Aber dann geht es plötzlich los, das Türeschlagen: Der *Ältere,* der allezeit bei seinem Vater gewesen ist, und der doch – «weiss Gott», kann man hier wohl sagen – seinen Vater kennen müsste, der knallt die Türe ins Schloss und sagt: «Nicht mit mir!» Das geschieht, wenn man anfängt, das Evangelium zu verkündigen! Evangelium ist gute Nachricht! Wir möchten immer noch so eine mittelgute anständige Nachricht, aber die Gute Nachricht ist eine *gute* Nachricht, nicht eine moralisch-gedämpfte, wohl-temperierte, anständige Nachricht, sondern eine Nachricht, die alle Grenzen sprengt. Darum gibt es bis heute immer wieder auch ein Türeknallen.

Der Durchbruch bei Martin Luther

Erinnern wir uns an Luther. Der Mann hatte Mut! Er hat die Gute Nachricht wieder ausgegraben, und zwar zuerst für sich selber. Er hatte ja auch mit härenen Gewändern und all dem Zeug probiert, sich die Liebe dieses Vaters zu erkaufen. Aber dann, als er das Wort Gottes las, hatte er dieses berühmte «Turm-Erlebnis». Gott hat ihn auf diesen Turm geholt und ihm gezeigt, was die Gute Nachricht wirklich ist. Über diesem Mann – mit diesen gewaltigen Ecken und Kanten, mit diesem Bierbauch, mit seinen rohen Witzen, mit diesem Herzen, das so viele Falten hatte, in dem aber inwendig ein Schrei nach Gott war wie bei einem Hirsch nach frischem Wasser –, über diesem Mann hat Gott nochmals sein Ja gesprochen: «So, wie du bist, Doktor Martin!» Dann hat Martin Luther – in Form der 95 Thesen – dieses Ja an die Kirchentür geschlagen, und er fing an, dieses Ja auszurufen. Und weil er wusste, dass dieses Ja im Wort Gottes verwurzelt ist – dass es nicht einfach das Ja von Reformatoren, sondern das Ja Gottes ist – , hat er dieses Wort Gottes in die Sprache des Volkes übersetzt. In diesem Wort ist die Gute Nachricht. Es *ist* die Gute Nachricht. Es ist das Evangelium. Wer dieses Wort liest, trinkt und isst, dessen Geist wird voll von diesem Ja, voll von dieser Wahrheit. Er steht dann auf diesem Turm, und Gott sagt zu ihm: «Guck in die Weite! Das Leben kann noch einmal beginnen.»

Der neue Mensch

Gott ist anders. Er ist gnädig und barmherzig. Und welche Sünden hat Gott getragen auf Golgatha? Alle! Alle! Er hat alles gesühnt und bezahlt bis zum letzten Heller. Die Zeche ist bezahlt. Es gibt nichts mehr zu bezahlen. Jesus hat das Gesetz nicht abgeschafft, sondern erfüllt, bis zum letzten Jota. Und dann hat er gesagt: «Ich nehme Wohnung in euch und schreibe mein Gesetz als meine Liebe in euer Herz; und ‹ich in euch› bin die Kraft, dieser *neue Mensch* zu werden und zu sein.»

Es gibt eine Theologie, die von *«Adoption»* redet, dass wir sozusagen «adoptierte» Töchter und Söhne Gottes sind. Aber meines Erachtens ist das schlechte Theologie. So denken Menschen, welche die Gute Nachricht noch nicht verstanden haben. Wenn ich nur adoptiert bin, bin ich ein «Papier-Sohn» und eine «Papier-Tochter». Aber bei Gott bin ich nicht «adoptiert»; ich bin *«gezeugt»*! Johannes schreibt das ganz klar: *«nicht aus Blut noch aus Fleischeswillen noch aus Manneswillen, sondern aus Gott gezeugt» (Joh. 1,13).* Dieser Schöpfergott hat mich noch einmal gezeugt – dich und mich durch den Heiligen Geist und durch das Blut Jesu Christi! Einen neuen Menschen! Da wird nicht ein alter Mensch ein bisschen aufgemöbelt, sondern Gott zeugt dich noch einmal neu. Kannst du dir das vorstellen: eine neue Schöpfung? Und wenn Paulus in 2. Kor. 5,17 sagt: *«Neue Schöpfung»*, dann meint er *neu;* nicht second-hand, ein bisschen gewaschen, gebügelt und geflickt, und dann sieht's wieder wie neu aus. Wie z. B. bei den wachspolierten Gebrauchtwagen-Autos – die sind alle wie neu! Ich weiss nicht, wie die Garagen das machen. Da liefern alle ihre alten Autos ab, und man sieht's ihnen an; und nachher stehen sie nigelnagelneu da, und du fragst dich: «Warum habe ich den überhaupt verkauft? Der ist ja noch neuer als der Neue, den ich kaufe!»

Aber Gott schafft eine *neue Schöpfung* in uns. Er zeugt dich und mich noch einmal neu durch seinen Geist und durch das Blut seines Sohnes. Aus dieser göttlichen Zeugung heraus ensteht der *innere Mensch,* und dieser innere Mensch wächst in uns. Er ist anfangs noch unansehnlich, und die Menschen zuhause werden dir noch sagen: «Und du willst ein Christ sein? Das ist ja alles wie vorher!» Und oftmals ist es wirklich so, dass bei dir alles noch ziemlich unansehnlich ist; und darum musst du hinein ins Wort Gottes. Wenn du diese Wahrheit nicht hast und dich nicht jeden Morgen mit dieser Wahrheit gürtest, kommst du unter die Räder. Dann stellst du dich ständig in Frage: «Ich bin noch nicht recht. Ich sollte doch jetzt ein Zeugnis sein für Jesus, ich muss doch meiner Mutter, meinem Vater, meinen Brüdern und Schwestern in der Gemeinde beweisen, dass ich diese neue

Schöpfung bin!» Unsinn! Du musst überhaupt nichts beweisen. Du musst diese Wahrheit essen und trinken, damit der innere Mensch, der neu gezeugt ist, diese neue Schöpfung, aufwachsen kann. Glaubt ihr, Mose sei von einem Tag auf den anderen der sanftmütigste Mann der Welt geworden? Dieser jähzornige Mörder? Glaubt ihr, bei Paulus, diesem Pharisäer, diesem perfekten Mann, diesem unmöglichen Mann des Buchstabens, wäre es anders gewesen?

Kein Röntgenbild mehr

Du musst dir auch nicht ständig ein Röntgenbild deines inneren Zustands anfertigen. Der Zahnarzt sagt manchmal so nett: «Wir machen wieder einmal ein ‹Bildli›!» Ein «Bildli» heisst aber gleichzeitig, dass es schädliche Röntgenstrahlen sind. So ist es auch im geistlichen Leben: Diese ‹Bildli› sind gefährlich, sie sind radioaktiv. Überlass das Gott! Dieser Gott hat in dir den neuen Menschen gezeugt, und er sagt über deinem Leben sein Ja: «Es ist sehr gut!» Und jeden Morgen, wenn du aufstehst, und als erstes zur Schrift gehst und dich gürtest mit dieser Wahrheit, wirst du wieder hören: «Tochter, super! Sehr gut! Es ist alles o. k., mach weiter so! Zusammen werden wir über Mauern springen!» Es gibt keine Verurteilung mehr, weil er ein Vater ist!

Das ist eben das Ärgerliche, verstehst du? Die Leute wollen immer eine Strafe, oder zumindest so ein bisschen Liebesentzug; und sie würden sich freuen, wenn Gott eben auch ein bisschen so wäre. Aber Gott tut uns den Gefallen leider nicht. Was hat Jesus gemacht, als er nach der Auferstehung zu seinen Jüngern kam (Joh. 20,19–23)? Er sagte: *«Friede! Schalom!»,* und zeigte ihnen seine Wundmale. Er zeigte sie ihnen nicht, um sie klein zu machen, damit sich jetzt alle im Staube wälzen. Er hat sie ihnen gezeigt, um zu sagen: «Ich bin auferstanden. Ich bin gekommen, um das Ja meines Vaters, mein Ja, nochmals über euch auszurufen.» Über diesen Feiglingen, diesen Menschen, die ihn verlassen haben, die nicht einmal eine Stunde mit ihm wachen konnten, nachdem sie drei Jahre lang durch den Glauben ihres Meisters und Bruders durchgefüttert worden sind; wo sie von Anfang an Augenzeugen waren, was dieser Mann alles im Namen Gottes getan hat – wie er mitten in der Nacht über das Wasser ging, weil er gesehen hat, dass sie mit den Wellen kämpfen. Dieser wunderbare Freund! Der kommt jetzt und sagt: *«Friede sei mit euch!» (Vers 19+21)* Und er haucht sie an und gibt ihnen die Vollmacht, Sünden zu vergeben: *«Wenn ihr jemandem die Sünden vergebt, sind sie ihm vergeben.» (Verse 23)* Zugleich gibt er ihnen einen Auftrag: *«Wie mich der Vater gesandt hat, sende auch ich euch!» (21)*

Und dann sind sie abgeschlichen, Petrus und seine Kumpanen; und sie gingen zum See Tiberias, um zu fischen. Am anderen Morgen, nachdem sie nicht gerade sehr erfolgreich gewesen waren, steht Jesus wieder am Ufer und sagt: *«Kindlein, habt ihr nichts zu essen?» (nach Joh. 21,5)* Das ist Gott, das ist sein Erbarmen. Das ist seine Liebe.

Wenn es dich wieder einmal aus den Socken haut und du platt auf dem Boden liegst und dich schämst, dann kommt dieser Gott und sagt: *«Kindlein, hast du nichts zu essen?* Ich wasch dich rein. Steh wieder auf! Wirf das Netz wieder aus!» Und dann werden wir unsere Schuld bekennen und wieder aufstehen und mitgehen mit diesem Vater und diesem Ja. Das ist seine Barmherzigkeit. Aber diesem lügnerischen Nein, dem wir immer wieder die Tür öffnen, werden wir die Tür weisen!

Keine Verurteilung

«Es gibt keine Verurteilung mehr für die, welche in Christus Jesus sind.» (Röm. 8,1) Keine! Und wenn wir Sünden bekennen, dann tun wir es, weil wir überwältigt sind von diesem Erbarmen und von dieser Liebe eines Vaters. Weil wir wollen, dass diese Liebe des Vaters uns erfüllt, dass jede Zelle von dieser Liebe berührt wird, und dass wir nichts mehr in uns dulden, was dieser Liebe entgegensteht. Das ist dieses Erbarmen Gottes.

Wir brauchen diese Wahrheit, diesen *«Gurt der Wahrheit» (Eph. 6,14)*. Du kannst ohne ihn nicht leben! In der Beschreibung der Waffenrüstung Gottes bei Paulus (Eph. 6,10–17) kommt der Gurt der Wahrheit an erster Stelle! Es wird ja bis zum letzten Atemzug gelogen – du kannst ein «Vater in Christus» sein, eine «Mutter Israels», ein gesalbter Apostel; aber du bist nicht gefeit, dass du nicht einer Lüge Einlass gibst. Viele Männer und Frauen sind gefallen, weil sie einer Lüge geglaubt haben. Es gibt nur einen Schutz: *Jeden Morgen zuerst diesen Gurt der Wahrheit anziehen!*

Auch ich habe das trainiert, jeden Morgen zuallererst den Gurt der Wahrheit zu nehmen: «Danke, Vater, ich bin dein Sohn. Ich bin gerecht aus Glauben! Danke, Vater, du hast mich erwählt, hast mich von Ewigkeit vorherbestimmt, gleichgestaltet zu werden dem Bilde deines Sohnes. Du hast mich berufen mit deinem heiligen Ruf, du hast mir deine Gerechtigkeit gegeben, die Gerechtigkeit deines Sohnes. Du hast mich geheiligt in deiner Wahrheit, hast mir Anteil gegeben an deiner Herrlichkeit. Du hast mir Schwestern und Brüder, Freunde gegeben, bist mir selber ein Freund.»

So nehme ich diesen Gurt der Wahrheit, und ab und zu müssen wir darin noch zusätzliche «Löcher» machen. Es geht nicht an, nur ein paar Lieblingsworte zu haben! Ab und zu müssen wir wieder neue Löcher hinzufügen; und dann wird Gott dir wieder ein neues Wort geben. Und dann bohrst du wieder ein Loch, und so wird dieser Gurt gegürtet. Dieser Gürtel der Wahrheit ist gleichzeitig der Gurt eines Ja's, das Gott über deinem Leben gesprochen hat. «Geh! Lauf! Nimm deinen Platz ein! Nimm deine Würde! Du bist mein Sohn! Du bist meine Tochter!»

Das Ende von «Hätte» und «Wäre»

Es gibt viele, die noch Verletzungen von christlichen Elternhäusern haben. Auch viele Mütter und Väter, die noch in Selbstanklage leben: «Hätte ich damals… Wäre ich eine bessere Mutter, ein besserer Vater gewesen…» Ich glaube, dass es eine Sünde ist, wenn du zurückhängst. Jedes «hätte» und «wäre» ist Sünde des Unglaubens: Denn dann glaubst du, dass Gott und sein Handeln daran gebunden sind, dass du alles richtig machst. Gott ist der Schöpfer, der aus dem Nichts dieses ganze Universum geschaffen hat. Gott kann auch aus einer zerbrochenen und verfehlten Vaterschaft, aus einer zerbrochenen und verfehlten Mutterschaft Töchter und Söhne schaffen mit diesem Schmelz, mit dieser Würde von königlichen Menschen, die vielleicht durch Tiefen gegangen sind, durch Schande und Schmach, aber denen viel vergeben wurde, und die viel lieben. Wie diese Sünderin, welche die Füsse Jesu gesalbt hat, geküsst, mit den Tränen benetzt, mit den Haaren getrocknet. Sie war eine der wenigen, die dieses Ja eines Schöpfers verstanden hat, ein Ja über alle Zerbrochenheit, über all das, wo unsere Seele sagt: Es ist vorbei – mit dieser Schwangerschaft ging alles kaputt; mit dieser Abtreibung ging alles kaputt; mit dem, dass ich damals als Vater oder Mutter meinen Söhnen nicht die nötige Aufmerksamkeit gegeben habe, ist jetzt alles verpfuscht.

Ich sage dir, Bruder, ich sage dir, Schwester: Das ist die Sprache des Unglaubens. Wir machen damit Gott keine Ehre. Da hast du in deinem Leben ein Götzenbild, einen Götzen: «Hätte ich damals ... Wäre ich ...» Und du fällst Gott in den Arm und hinderst ihn, dass er sein Werk tun kann. Gib ihm alle «hätte» und «wäre» zurück. Zerschlage deine Götzenaltäre und Vorstellungen, wie du's hättest besser machen können, und sage: «Gott, ich hab's falsch gemacht. Es war alles daneben, aber ich zerschlage diesen Altar von Selbstanklage, von Scham, von Träumen, von ‹hätte› und ‹wäre›; und ich stehe auf, und das Leben geht weiter.»

Erinnern wir uns an *David*, als die Frucht seines Ehebruchs mit Bathseba im Sterben lag und er wie ein Wahnsinniger getobt und zu Gott geschrien hat, dass das Kind doch nicht sterben sollte – und wie er sich im härenen Gewand Tag und Nacht am Boden gewälzt hat. Er hat nichts mehr gegessen, und niemand wagte, ihm dann die Nachricht zu überbringen: «Dein Kind ist gestorben.» Aber als er's selber gemerkt hat, da ist er aufgestanden, hat sich gewaschen und gesalbt, hat sich an den Tisch gesetzt und hat gegessen und getrunken. David hat den Altar von «hätte» und «wäre» zerschlagen! Und ausgerechnet aus dieser Beziehung mit Bathseba gab Gott später dem David seinen Geliebten, den Salomo, den weisesten aller Männer des alten Bundes. Bathseba wurde zur Vorfahrin von Jesus Christus.

Gott baut sein Reich, seine Werke, die ewigen Früchte, aus unserem Versagen – aus diesen Pannen, aus diesem Unglück, aus diesen Abstürzen, wo wir den Eindruck haben: Es ist alles vorbei, ich hab' alles kaputt gemacht. Der Schleier ist zerrissen. Aber daraus baut Gott sein Reich, deine Berufung, meine Berufung, die Herrlichkeit deines Lebens, meines Lebens, die Herrlichkeit von Söhnen und Töchtern, die vielleicht verkümmert sind und unter starken Vätern entmutigt wurden, die Schönheit und Würde von Frauen, die vielleicht von Vätern nicht gefördert wurden. Aus diesem Versagen baut Gott sein Reich. Steht nicht mehr an den Gräbern der irdischen Vater- und Mutterbilder. Gott sagt: «Weine nicht!» Und er ruft dich nochmals neu bei deinem Namen; und wenn er dich ruft, dann sagt er: «Dich meine ich! Ich schreibe deinen Namen mit goldenen Buchstaben. Du bist berufen, meine Werke zu tun. Du bist berufen, ein Mensch zu sein, der seine Flügel ausbreitet und im Wind des Heiligen Geistes sich emporschwingt. Du bist ein Mensch, den ich prüfen und erziehen und schulen und trainieren werde, aber aus Güte, weil ich eine Leidenschaft habe, dich aufzubauen. Eine Leidenschaft, dir Lohn zu geben! Eine Leidenschaft, meinen Engeln und meinem Sohn zu sagen: ‹Siehst du: meine Tochter! Siehst du: mein Sohn!›»

Ich bete, dass diejenigen, die Altes zurücklassen wollen, Vätern oder Müttern vergeben; und ich bete vor allem auch, dass Väter und Mütter, die noch unter Selbstanklage – «hätte» und «wäre» – leiden, ihre Söhne und Töchter noch einmal neu Gott weihen zusammen mit allem, was schief gegangen ist. Weiht sie nochmals eurem Gott, legt sie in seine Hände. Gebt sie ihm zurück, damit der himmlische Vater die Herzen der Söhne und die Herzen der Töchter den Vätern wieder zuwenden kann. So kann er auch unsere Herzen den Müttern und Vätern noch einmal zuwenden und wir dürfen sie noch einmal segnen – ihnen noch einmal danke sagen für alle Unvollkommenheit, aber auch für alles, was inmitten dieser Scherben Segen von Gott war.

Die Herausforderungen des Vaters

Gott ist ganz anders, nicht nur in seinem Erbarmen und in seiner Liebe, sondern auch in seinen Herausforderungen. Darum sagt Jesus im Zusammenhang mit dem Vater zu seinen Jüngern: *«Ihr werdet dieselben Werke tun, die ich tue, und ihr werdet noch grössere tun.» (nach Joh. 14,12)* Was ist denn die Leidenschaft, was ist der Ehrgeiz eines Vaters? Dass sein Sohn gross wird! Dass er womöglich den Vater noch übertrumpft! Dass sich in diesem Sohn etwas spiegelt von Würde, von Freiheit, von Kraft. Das ist doch die Leidenschaft und der Ehrgeiz eines Vaters für seinen Sohn, für seine Tochter! Ich möchte doch, dass meine Söhne gross werden! Wir müssen das richtig verstehen: Ich stosse sie nicht in den Erfolg hinein. Aber ich möchte sehen, dass sie das Leben ergreifen! Ich möchte sehen, dass sie das Land ihres Lebens einnehmen. Ich möchte sehen, dass sich das entfaltet, was Gott in sie hineingelegt hat.

Das war die Leidenschaft des Vaters im Himmel gegenüber seinem Sohn. Schon als Zwölfjähriger hat Jesus die Uniprofessoren in Jerusalem in Erstaunen versetzt. Gott hatte das mit seinem Sohn trainiert! *Trainiert in Nazareth* – in der Hobelwerkstatt, bei den Leimtöpfen, mit der Kundschaft, in all dem Mickrigen und Kleinkrämerischen dieser Stadt. Das war sein Trainingsfeld. Da hat Gott seinen Sohn für einen langen Atem trainiert, für Geduld, für Demut, für Weisheit, dafür, die Nähe des Vaters zu suchen, immer bei ihm zu sein, in Verborgenheit zu leben, nichts für sich selber zu wollen, verkannt zu sein, abgelehnt zu sein, Sonderling zu sein. Das hat er alles dort trainiert.

Und dann hat Gott diesen Sohn erhöht, hat ihm den höchsten Namen und alle Macht gegeben im Himmel und auf Erden. Dazu hat er ihm das Gericht über die Nationen und Völker übergeben. Und Jesus Christus wird einmal Recht sprechen. Er ist es, der die Siegel des Himmels und der Weltgeschichte bricht.

Das ist also die andere Seite des Vaters. Wenn er dieses Ja über uns spricht, wenn wir Jünger werden, dann werden wir keine ruhige Kugel schieben. Das bedeutet nicht einen sicheren Platz in einer Gemeinde, oder irgend so einen netten Dienst, den wir uns einmal ergattert haben; und nun schauen wir, dass uns niemand diesen Dienst aus den Händen nimmt, weil er unsere Identität wird. Sondern dieser Vater brennt darauf, Söhne und Töchter durch Herausforderungen und Umstände zu trainieren und aufzubauen, damit sie seine Werke tun und zusammen mit den Heiligen noch grössere Werke tun, als Jesus sie getan hat! Das ist der Wille des Vaters! Er will keine mickrigen Söhne – wo wir lange genug gesungen haben vom «Wurm, der im Staube ist». «Wir sind Bettler, das ist wahr», sagte Doktor Martin Luther am Schluss seines Lebens. Aber Martin Luther hat eine Welt bewegt! Gott will, dass wir aus diesem Mickrigen, Minderwertigen, Kleinen, Abgezirkelten herauskommen und die Berufungen annehmen, die er für uns bereit hält, und seine Werke tun.

Gold holen für den König

Auf der Bergisel-Sprungschanze in Innsbruck gibt es Schalen, in denen das Olympische Feuer gebrannt hat, und Bronzetafeln, in welche die Namen der Medaillenträger eingraviert sind. Da steht man ehrfurchtsvoll davor und realisiert nicht, dass dein und mein Name im Himmel geschrieben ist, nicht nur auf dem Bergisel – nein, im Himmel! Weisst du, was das heisst? Im Himmel gibt es kein mickriges Milchbüchlein, keine Zettelwirtschaft, wo man wieder einen Namen hinkritzelt, wenn sich eine Seele Jesus zugewendet hat; sondern diese Namen werden geschrieben mit Gold. Mit Gold! Das ist unser Vater, der die Namen seiner Töchter und seiner Söhne in Gold im Himmel schreibt, und wo die Engel und Heerscharen vor diesen Tafeln stehen und schauen, was für Namen dort geschrieben sind. Mensch, ist das ein Rauschen und Flügelschlagen vor diesen Tafeln, vor diesen Goldlettern! Halleluja! Dein Name! Hast du's gehört?

Gott setzt auf dich! Du bist unentbehrlich im Reich Gottes! Gott hat dir einen Part gegeben, einen Teil, eine Aufgabe, von Ewigkeit her hat er dich zu dieser Aufgabe berufen! Von Ewigkeit her hat er sich das ausgedacht, was für einen Platz du in seinem Reich ausfüllen kannst. Das sind dann die Werke Gottes, die du tust – ob klein, ob gross –, aber es sind die Werke Gottes, die er für dich vorbereitet hat. Ich finde das phantastisch!

Dafür müssen wir eben trainiert werden. Dieser Vater kann sehr konsequent sein, und er geht manchmal bis an die Schmerzgrenze mit uns. Aber da schaut was Rechtes heraus! Glauben wir, wenn die Sportler bis an die Schmerzgrenze trainieren, wir würden nicht auch von unserem Vater bis an die Schmerzgrenze unserer Seelen trainiert? Das sind Herausforderungen, Zumutungen, aber dazu sagen wir ja, denn wir haben ein Ziel.

Es gibt die Geschichte von einem olympischen Schwimmwettbewerb: Da war eine Frau aus Costa Rica, auf welche die Augen des Fernsehens und eines Riesenpublikums nicht gerichtet waren, sondern auf ein deutsches Idol. Dann aber kam diese Frau. Sie hatte einen Trainer, der sie bis zum Letzten gefordert hat. Diese Frau hatte schon das Fähnchen von Costa Rica bei sich und legte es verstohlen neben den Schwimmblock, von dem sie absprang. Sie wurde trainiert, aber sie wusste: Für meine Heimat will ich nachher in diesem Bassin das Fähnchen meiner Nation hochhalten. Sie hat Gold gewonnen!

Und wir? *Wir wollen Gold holen für unseren König!*

Gebet

Vater, wir wollen dir danke sagen, dass du uns dieses Ja, das wir dir oft so schlecht gelohnt haben, nochmals neu gebracht hast – zuerst deinem jüdischen Volk, den Vätern Abraham, Isaak und Jakob, dem Mose in der Wüste vor dem brennenden Dornbusch, ei-

nem Sklavenvolk, diesem Volk der Juden unter einem Saul und David und unter den Propheten. Wir wollen dir danke sagen, dass du dann gekommen bist und dieses Ja Fleisch und Blut wurde in deinem Sohn, ein Ja zum Anfassen, ein Ja, das wir umarmen konnten, ein Ja, das man schmecken und sehen und betasten konnte; ein Ja, das wir dann wieder gekreuzigt haben, weil wir es nicht hören wollten, weil dieses Ja uns überfordert hat!

Jesus, wir haben die Türen zugeknallt und dich nicht reingelassen mit diesem Erbarmen eines Gottes und Vaters über seinen Kindern. Aber dein Vater hat dich auferweckt, und seither rufst du dieses Ja durch deinen Geist in diese Welt hinein. Du klopfst an und fragst: Darf ich das Ja in dein Herz hineinlegen? Darf ich dich noch einmal segnen mit einem Ja, das alles übersteigt?

Ich preise dich, Gott, über jedem, den du schon gezeugt hast, über jeder neuen Schöpfung, über allem, was wächst, vielleicht noch unansehnlich und im Verborgenen, und über allem, was schon Gestalt geworden ist, im Gesicht, in den Augen, die strahlen, in der Haltung in Würde, Frauen und Männer, Kinder und Teenies, die schon deine Werke tun im Lobpreis.

Jesus, du hast gesagt: «Niemand kennt den Vater als nur der Sohn, und wem es der Sohn offenbaren will.» Wir bitten dich, offenbare uns in der Tiefe nochmals diese Fülle eines Vaters. Ich bitte dich so herzlich, dass diese alten Vater- und Mutterbilder, all das Zerbrochene, zu dir kommt ans Kreuz. Dass du, Heiliger Geist, dieses neue Bild in unseren Geist und dann auch in unsere Seelen pflanzest. Ich danke dir, dass du das tust. Dann können wir sagen: Es ist genug! «Ich habe nun den Grund gefunden, der meinen Anker ewig hält.» Es sind die Wunden Jesu, es ist das Herz des Vaters, es ist sein Erbarmen und sein Ja. Unverbrüchlich, unwiderruflich, über den Juden, über den Heiden, über jeden, der ihn sucht. Ich danke dir, Jesus.

4

Söhne und Töchter des Vaters

Eine neue Würde

In der Bergpredigt sagt Jesus:
«Liebet eure Feinde und bittet für die, welche euch verfolgen, damit ihr Söhne eures Vaters in den Himmeln seid! Denn er lässt seine Sonne aufgehen über Böse und Gute und lässt regnen über Gerechte und Ungerechte. Denn, wenn ihr nur die liebt, die euch lieben, was habt ihr für einen Lohn? Tun nicht auch die Zöllner dasselbe? Und wenn ihr nur eure Brüder grüsst, was tut ihr Besonders? Tun nicht auch die Heiden dasselbe? Ihr nun sollt vollkommen sein, wie euer himmlischer Vater vollkommen ist.» (Mat: 5,44–48)

Dies ist das einzige Mal, dass im Evangelium in dieser Klarheit die Forderung erhoben wird, dass wir *vollkommen* sein sollen, wie der Vater im Himmel vollkommen ist. Aber wir sollten dabei nicht an Perfektion denken oder an das, was wir gewöhnlich unter Vollkommenheit verstehen! Die einzige Vollkommenheit, die es im Reiche Gottes gibt, ist die Liebe des Vaters. Diese Liebe, die regnen lässt über Gute und Böse, welche die Sonne scheinen lässt über Gerechte und Ungerechte – das ist die einzige wirkliche Vollkommenheit. Eine andere Vollkommenheit gibt es nicht. Im Reich Gottes gibt es keine vollkommenen Ehen und keine vollkommenen Freundschaften, keine vollkommenen Gemeinden und Gemeinschaften, keine vollkommenen Komitees, Werke, Bewegungen, Seminare, Lobpreis-Gottesdienste – das ist nicht im Sinne Jesu Christi. Da verschwenden wir unnütz Kräfte und Zeit für Dinge, die wir besonders gut und vollkommen machen wollen.

Die vollkommene Liebe in aller Unvollkommenheit

Das gilt insbesondere für unsere *Gemeinden*! Was das Kommen des Reiches Gottes immer wieder aufhält, ist, dass wir zu sehr beschäftigt sind mit unseren Gemeinden, dass wir gute Gemeinden haben wollen und vergessen, dass Gott Gemeinden geschaffen hat, die Stückwerk sind, unvollkommen, Fragmente, ergänzungsbedürftig, lediglich ein Segment des Evangeliums oder des Reiches Gottes in seiner Vielfalt. Ich denke, es ist wesentlich, dass wir von diesem Wahn, Vollkommenes, Gutes oder noch Besseres zu schaffen, wegkommen, sonst kann das Reich Gottes nicht Raum gewinnen.

Es ist auch wesentlich, dass wir davon wegkommen, in unseren *Beziehungen* Vollkommenheit anzustreben. Das ist überhaupt nicht nötig! Liebe kann sich nur ausbreiten und ausdehnen in irdenen Gefässen, sonst kann Liebe nicht funktionieren. Wie wollen wir einander vergeben, wenn alles so vollkommen ist? Das Schönste ist doch immer wieder, dass auch wir in diesen Auseinandersetzungen drinstehen, wo wir aneinander schuldig werden und gezwungen sind, wieder aufeinander zuzugehen, und wo jeder dem andern die Vergebung zuspricht. Das Schönste im Reiche Gottes ist, dass wir spüren: Wir alle sind in den Gemeinden, Denominationen, Bewegungen, Konfessionen nur Stückwerk, wir sind ergänzungsbedürftig. Und so kommen wir immer mehr in dieses Bewusstsein hinein: «Gott, gib uns diese Vollkommenheit deiner Liebe und lass uns leben mit all diesem Unvollkommenen.»

Aber wenn seine Liebe in diese Unvollkommenheit hineinkommt, in dieses Stückwerk, in dieses Mangelhafte, wo wir überall immer wieder diesen Mangel spüren, dann stimmt's einfach! Eine Ehe, in welcher die Liebe vom Vater drin ist, die stimmt, auch wenn's hinten und vorn noch nicht so aussieht.

Deine Frau ist dann vielleicht nicht diese fabelhafte Hausfrau; und dein Mann ist nicht dieser gewiefte Handwerker, der im Hause den Zimmermann erspart, sondern er ist eben dieser ungeschickte Mann. Aber wenn die Liebe in all dieses Unvollkommene hineinkommt, dann stimmt es einfach. Genauso ist es mit unseren Gemeinden. Wenn da diese Liebe, diese Barmherzigkeit des Vaters hineinkommt, dann stimmt's.

Die Würde der Söhne und Töchter Gottes

Darum sagt unser Text: *«…damit ihr Söhne und Töchter eures Vaters in den Himmeln seid.»* Jesus ist mit der Botschaft in diese Welt gekommen, dass Gott lebt, dass er ein Vater ist und dass wir berufen sind, Söhne und Töchter dieses Vaters zu sein. Jesus hat uns ein Beispiel gegeben, was es bedeutet, wenn ein Mensch hört: «Ich bin ein Sohn dieses Vaters.» Jesus war ein Mensch wie du und ich. So wie die Bibel von Elia sagt: *«Elia war ein Mensch wie du und ich.» (nach Jak. 5,17)* Dies gilt für jeden Menschen in der Bibel, und habe er noch so einen klingenden Namen wie Jesaja oder Jeremia. Selbst Jesus war also ein Mensch wie du und ich – er war nur ohne Sünde, aber er war ein Mensch, der versucht wurde, so wie du und ich. Was Jesus aber vor allem vor anderen Menschen herausgehoben und verändert und zu diesem neuen Menschen gestempelt hat, war diese Botschaft des Vaters im Himmel: *«Du bist mein geliebter Sohn!» (Mark 1,11)*

Diese Botschaft hat Jesus, dieser Zimmermannssohn und Wanderprediger – geschmäht und nicht erkannt, missverstanden und abgelehnt – in sein Herz hineingenommen: *«Du bist mein geliebter Sohn!»* Dieses Wort hat sein Leben so gewaltig verändert und in die Fülle hinein gebracht, in dieses Menschsein, in diesen Wirkungsgrad hinein. Es hat ihm den Rückhalt gegeben, als er am Schluss als das Lamm Gottes auf die Schädelstätte ging, um für dich und mich Sündenbock zu sein, um dieses Opfer zu bringen und zu sagen: «Ich bin der Schuldige!» Er, der Sündlose, sagt: «Ich bin der Schuldige! Speit mich an! Schlagt mich! Geisselt mich! Schlagt mich an das Kreuz, lasst all eure Rache an mir aus! Ich bin der Sündenbock für diese Welt!»

Dieses Wort: *«Du bist mein geliebter Sohn!»* hat den Zimmermannssohn von Nazareth in die Vollmacht eines neuen Menschseins gebracht, so dass Gott am Ende sagen konnte: *«Das ist mein Sohn, und ich will ihm den Namen geben, der über jeden Namen ist.» (nach Phil. 2,9).*

Es gibt nichts in der Welt, was Menschen so verändert wie die Botschaft, wenn ein Vater sagt: «Du bist meine Tochter! Du bist mein Sohn!» Das wäre *die* Revolution, wenn dein Herz das annimmt, dass du Tochter Gottes, Sohn Gottes bist! Das ist die *Botschaft für die Armen,* verstehen wir das? Das ist die Botschaft für diese Armen, die immer noch den Eindruck haben: «So wie ich bin, bin ich nicht recht. Ich habe doch keinen Platz an der Sonne. Eigentlich könnte diese Welt und Gesellschaft auch ohne mich funktionieren. Was soll ich schon – ich mit meinen Zeugnissen? Mit meiner Berufsausbildung? Ich mit meiner Herkunft? Mit meinen zerbrochenen Familienverhältnissen? Ich mit meiner Behinderung – was soll ich schon?» Und wir haben so oft diesem armen Volk diese frohe Botschaft nicht vermittelt! Aber ein Volk kann nicht aufstehen und zu Söhnen und Töchtern werden, wenn es dieses Vaterherz nicht findet, und wenn dieses Vaterherz ihm diese Botschaft nicht vermittelt.

Es nützt nichts, brav zu sein; das verändert den Menschen nicht. Nicht brav müssen wir sein, auch nicht treue Kirchengänger, sondern wir sollen Töchter und Söhne Gottes werden, denn nur durch diesen Adel werden wir überhaupt verändert, kommen wir in ein neues Menschsein hinein.

Der Schlüssel zur Heilung

Das ist der Schlüssel zur Heilung unserer ganzen Persönlichkeit. Das ist der Schlüssel, damit du ein Mann wirst. Das ist der Schlüssel, dass du eine Frau wirst! Das ist der Schlüssel, dass ihr, junge Menschen, aufsteht, wenn ihr wisst: Dieser Vater sagt: «Du bist mein Sohn! Du bist meine Tochter!» Verstehen wir, was das bedeutet? Wenn dieser Gott, dieser lebendige Gott sagt: «Ich will dein Vater sein! Du bist meine Tochter! So gewiss, wie Jesus mein Sohn gewesen ist, bist du mein Sohn! Nicht weniger! Voll rechtsgültig bist du mein Sohn! Und du trittst ein in das Erbe, das ich dir als Vater gebe, und du bist ein Miterbe deines Bruders Jesus Christus.» Stellt euch mal vor, wenn unser Herz diese Botschaft vernimmt, dass Gott, der Schöpfer Himmels und der Erde, dieser Allmächtige, einem Menschen sagt: «Du bist mein Sohn!»

Da ist vielleicht noch einer, der seinen Kopf hängen lässt, und seine Haare hängen vornüber, und die Vorhänge sind gezogen, und er hat den Eindruck: «Ich bin ohnehin irgendwo vom Wagen heruntergefallen.» Und jetzt kommt dieser Gott und sagt: *«Schau mir in die Augen! Schau mir in die Augen!»* Und er nimmt ihm die Haare vor den Augen weg und sagt: «Sohn, schau mir in die Augen! Weisst du, dass du mein Sohn bist? Weisst du, dass du meine Tochter bist, wenn mein Sohn Jesus Christus in dir lebt? Wenn ich meinen Geist der Sohnschaft und Tochterschaft in dein Herz hineingiesse?» Und es fängt an, in deinem Herzen zu schreien: «Vater!» Und dein Herz spürt es plötzlich: diese innere Beziehung von meinem Herzen zum Herzen dieses Vaters! Und in deinem Herzen wächst eine Sehnsucht, immer wieder zu diesem Vater zu gehen!

Eine wahre Revolution

Das baut auf – verstehen wir das? Anderes baut uns nicht auf! Moral baut nicht auf! Glaubenssätze bauen nicht auf! «No Drugs» ist gut! «Kein Alkohol» ist gut! Und dann «keine Probleme» ist auch gut. Aber das macht noch keinen neuen Menschen! Neue Menschen werden wir nur, wenn wir wissen: «Ich bin ein Sohn dieses Gottes! Ich bin eine Tochter dieses Gottes!» Das ist die Revolution in dieser Welt, wenn Söhne und Töchter aufstehen, die diesen Gott zum Vater haben, die ihre Würde empfangen, und die wissen: «So wie ich bin, bin ich recht, sonst würde dieser Gott mir nicht sagen: Du bist meine Tochter, du bist mein Sohn!» Wenn du nicht mehr unter Menschenurteil stehst, vor allem nicht mehr unter deinem eigenen Urteil, wo dein Herz dich immer noch plagt und du findest: «Eigentlich mag ich mich nicht, und eigentlich möchte ich anders sein!» Gott sagt: *«Schau mich mal an! Schau mir in die Augen!* Wenn du meinen Sohn aufnimmst in dein Herz, wenn du mich wohnen lässt in deinem Leben drin, dann bist du mein Sohn, dann bist du meine Tochter! Und dann überlasse es mir, dass ich diese Persönlichkeit eines Menschen in dir schaffe, der mich in dieser Welt repräsentiert. Einen Menschen, durch den meine Liebe fliesst zu den Bösen und Guten, zu den Undankbaren und Dankbaren, zu den Gerechten und Ungerechten.»

Das ist die Revolution! Wenn Gott seinen Sohn Jesus – einer, der war wie du – durch diesen Zeugungsruf so in diese Fülle des Menschseins hinein aufgebaut hat, in diese Kraft seines Auftrages, in diese Kraft von Menschlichkeit, dann wird er auch dich aufbauen. Nicht damit wir gross sind, sondern damit wir Menschen sind! Grösse, das bedeutet nichts! Äussere Grösse kann man bei der Hitparade bekommen, aber wahre Grösse heisst: wahres Menschsein, Ebenbild sein dieses Gottes. Das heisst: voll sein von der Liebe Gottes, damit wir als die Söhne und Töchter Gottes diese Welt, die unserem Vater gehört, lieben. Ich finde das grossartig!

Darum giesst Gott seinen Heiligen Geist nochmals in Fülle aus, denn der Geist ist der Geist des Vaters. Er ist gleichzeitig der Geist des Sohnes, und wenn dieser Geist in dein Leben hineinkommt, dann kommt diese Vaterschaft, dann kommt dieser Zeugungsruf in dein Leben! Dann ruft dieser Geist in dir: «Du bist der Sohn! Du bist die Tochter dieses Vaters!» Und dann wird dein Geist wieder schreien: «Vater! Vater! Vater! Verändere mich, Vater! Bau mich auf – da bin ich, deine Tochter, dein Sohn.» Ich bin so begeistert von dem, was Gott heute tut! Begeistert, wie Gott heute Söhne und Töchter ruft – z. B. aus abgewrackten Männern, die jahrelang an unheilen Beziehungen gelitten haben, hin und her gezerrt von Frauen, die sich an ihren Männern nicht freuen konnten. Und sie hörten immer nur: «So, wie du bist, bist du nicht recht! Wenn du anders wärst, oder so wie jener oder dieser!» Und dann hören solche Männer plötzlich den Vater sagen: *«Schau mich an!»* Und dann sagt ein solcher Vater zu einem solchen abgewrackten Mann: «Du bist mein Sohn, und ich bin dein Vater!» Ihr solltet mal sehen, wie aus solchen Männern Söhne werden, wie solche Männer eine Würde empfangen, wie sie innerlich und äusserlich aufstehen und dann plötzlich anfangen, Männer zu sein. Dann hört dieses ganze Gegacker und Gezerre auf, und dieses Hin und Her, und dieses Aneinander-Reissen und Herum-Machen; und plötzlich sieht der andere: «Mensch, da wächst etwas auf! Jetzt muss ich mich beeilen, dass ich nachkomme!» Dann rennen sie selbst, um zu hören: «Du bist meine Tochter!» Oder auch umgekehrt.

Wir wollen uns noch einmal öffnen, um diesen Vatergeist zu empfangen. Wir wollen vor diesem Vater als die Menschen stehen, die immer wieder bedürftig sind, und die spüren: «Ich bin noch nicht in dieser Ganzheit, in dieser Fülle des Menschseins drin, so wie Gott mich haben möchte. Ich bin noch nicht dieser Sohn, ich bin noch nicht diese Tochter.» Gott will nochmals Söhne und Töchter aufbauen, er will diesen Ruf nochmals in dein Leben hineingeben: «Du bist mein Sohn! Du bist meine Tochter!», damit wir wirklich vollkommen sind, wie unser Vater im Himmel vollkommen ist. Dann wird die Liebe Gottes einfach durch uns hindurch fliessen.

Wenn du Sohn und Tochter Gottes bist, dann wird Gott dir garantiert Menschen zuführen, denen du aus dem Weg gegangen bist. Das sind dann diese kleinen Bronze- und Silbertests, wo er sehen will, ob wir wirklich Söhne und Töchter Gottes sind und auch einmal Kritik vertragen können. Das sind wunderbare Übungen. Gott macht das auch bei mir. Einmal stand jemand vor mir, der sagte: «Ich muss Ihnen sagen, ich hab' kürzlich eine Kassette von Ihnen gehört, aber ich hab' sie wieder abgestellt.» Dann hab' ich gesagt: «Ja, das ist der Grund, weshalb ich auch keine Kassetten von mir höre!»

Wir gehen nicht mehr durch ein Minenfeld in dieser Welt, sondern wenn wir Söhne und Töchter sind, dann sind wir wieder angekommen in der Heimat des Vaters. Diese Welt gehört unserem Vater! Dann gehen wir als diese Söhne und Töchter durch das Eigentum des Vaters und bringen die Liebe des Vaters in diese Welt hinein. Bei aller Herausforderung macht das unheimlich Spass!

Gebet

Vater, du hast den Adam aus diesem Lehmkloss geschaffen, vollkommen und gut. Aber dann hast du ihn mit dem Hauch deiner Vaterschaft zum Leben erweckt und hast in dieses Geschöpf hineingesprochen: «Du bist mein Sohn!» So wurde er zu einem lebenden Wesen.

Vater, wir sind Menschen, die geschaffen sind, Menschen, die Leben in sich haben und Kraft, Träume und Visionen. Aber viele von uns brauchen nochmals deinen Vater-Atem, diesen Wind des Geistes, der nochmals kommt, diesen Wind, den Odem des Vaters, der sagt: «Du bist meine Tochter! Du bist mein Sohn! Steh auf! Schau mich an! Schau mir in die Augen! Ich will dich führen! Ich will für dich da sein, ich will für dich kämpfen! Lass es zu, dass ich dich aufbaue zu einem Mann, zu einer Frau nach meinem Bild, dass durch dich hindurch diese Ströme der Liebe gehen. Dass du die Menschen nicht mehr nach sympathisch oder unsympathisch klassifizieren musst, sondern dass du sein kannst wie der Wind, der alle erreicht.» Der Wind fragt nicht: «Ist es dir genehm, dass ich dich anblase?», sondern ein Wind bläst alle an. Und unsere Liebe verschenkt sich da, wo wir hinkommen. Ungefragt!

Wir bitten dich: Komm, Heiliger Geist, und bring noch einmal diesen Atem des Vaters! Bring nochmals diesen Schöpfer-Atem, der uns aufstehen macht. Präg das nochmals in unser Herz hinein, diese Sohnschaft, diese Tochterschaft, dieses Wort des Vaters: «So, wie du bist, bist du mir angenehm. Ich freu' mich über dich! Lass es zu, dass ich dich fülle mit meiner Liebe! Lass es zu, dass ich dir dieses feste Herz gebe, diesen unerschrockenen Geist! Lass dir die inneren Augen öffnen, damit du siehst, was ich dir zeigen will, lass dir die inneren Ohren öffnen!» Komm, Heiliger Geist! Giess dich aus über dein Volk! Segne dein Volk mit dieser Vaterschaft! Fliess, Heiliger Geist, in alles Vertrocknete hinein! Bring diese Vaterliebe! Bring dieses Lachen eines Vaters! Wir wissen, du bist heilig, heilig, heilig. Aber du bist ein Vater, der sich freut über seine Kinder! Ein Vater, an dessen Tisch gelacht wird. Ich preise und lobe dich, Heiliger Geist, dass du Joche wegnimmst über aller Armut des Menschseins, über aller Kümmerlichkeit des Lebens, über aller Armut von Herzen, über aller Armut von Geist. Komm, Vater, hauch deine Söhne und Töchter an. Hauch sie an!

Wir preisen dich, Vater, dass die Zeit wieder kommt, wo wir uns über unseren Gott freuen können, wo wir nicht mehr mit hängenden Köpfen herum laufen müssen, sondern wo dein Volk sich wieder freut, dass wir einen solchen Vater haben und einen solchen Herrn und Heiland, Jesus Christus, der seinen Geist in uns gibt, dass die Liebe des Vaters endlich in uns kommt und in diese Welt.

5

Gewurzelt in der Vaterschaft

Vom göttlichen «Visum»

«Im Aufwallen des Zornes verbarg ich einen Augenblick mein Antlitz vor dir, aber mit ewiger Güte habe ich mich deiner erbarmt, spricht der Herr, dein Erlöser. Gleich den Tagen Noahs ist mir diese Zeit: wie ich geschworen, dass die Wasser Noahs nicht mehr über die Erde kommen sollen, so habe ich geschworen, dir nicht zu zürnen und dich nicht zu schelten. Denn die Berge mögen weichen und Hügel wanken, aber meine Gnade soll nicht von dir weichen und mein Friedensbund nicht wanken, spricht der Herr, dein Erbarmer.

Du Gebeugte, über die alle Wetter gehen, du Ungetröstete, siehe, ich will deine Grundfesten aus Malachit bilden und deine Fundamente aus Saphiren. Ich will deine Zinnen von Rubinen machen und deine Tore aus Karfunkeln und deinen ganzen Wall aus köstlichem Gestein, und all deine Söhne werden Jünger des Herrn. Gross wird sein die Wohlfahrt deiner Kinder, und auf Heil wirst du dich gründen. Ferne wirst du sein von Drangsal, denn du hast nichts zu fürchten, und fern von Schrecken, denn er wird dir nicht nahen.»
(Jesaja 54,8–14)

Gott läutert die Fundamente

Dies ist ein prophetisches Wort für unsere Zeit. Gott ist daran, unsere Fundamente nochmals zu läutern und in einer besonderen Festigkeit zu gründen. Es werden hier die kostbarsten Materialien genannt – Materialien, die nicht zerstörbar sind, und Materialien, die einen ganz besonderen Glanz haben.

Gott sagt zunächst: *«Im Aufwallen meines Zorns – einen kurzen Augenblick – habe ich mein Gesicht vor dir verborgen. Aber wie ich in den Zeiten Noahs (mit diesem Bogen, den ich in die Wolken setzte) geschworen habe: Nie mehr will ich die Erde verderben – solange die Erde besteht, soll nicht mehr aufhören Saat und Ernte, Frost und Hitze, Sommer und Winter, Tag und Nacht –, so will ich in dieser Zeit schwören, dass ich dich nicht mehr schelten will, dass meine Gnade nicht mehr von dir weichen wird. Es mögen Berge weichen und Hügel hinfallen – meine Gnade ist unerschütterlich.»* Und darauf folgt das prophetische Wort von der Grundfeste: *«Jetzt werde ich deine Grundfeste, deine Grundmauern aus diesen kostbaren Edelsteinen bilden.»*

Gott sagt im Hebräerbrief (12,26): Er werde nochmals alles erschüttern, alles! Wir gehen dieser Erschütterung unserer Grundmauern entgegen, und die Erschütterung hat bereits begonnen. Gott hat auch gesagt, es werde nochmals alles im Feuer geläutert und durchs Feuer geprüft. Und Johannes der Täufer hat das so ausgedrückt: *«Der… nach mir kommt, wird euch mit heiligem Geist und mit Feuer taufen.» (Mat. 3,11)*

Wir haben viel vom Heiligen Geist erlebt an Segnungen, Erquickung, Erfrischung, wunderbaren Dingen. Die Liebe Gottes ist geflossen, viele Menschen konnten wieder lachen, und durch dieses Lachen ist tiefe Heilung geschehen. Schmerz ist hochgekommen und rausgeflossen zu Jesus am Kreuz. Menschen konnten wieder einmal über den Schatten ihrer Selbstkontrolle und der Kontrolle von Gemeinden springen und auch Dinge tun, die man normalerweise nicht tut. Wir konnten Narren sein um Jesu willen, damit wir endlich einmal aus diesem Gefängnis der Selbstkontrolle herauskommen!

Getauft mit Feuer

Wir werden auch durch ein Feuer hindurchgehen – jetzt schon! Es gibt nicht nur das Höllenfeuer, sondern es gibt auch ein *Feuer des Geistes*! Es hat Mutige gegeben, die schon darum gebeten haben: «Taufe mich auch mit Feuer, Gott!» Wir wissen, dass wir das nicht aus eigener Kraft können. Wir wollen den Mund nicht so voll nehmen wie Petrus, der sagte: *«Auch wenn ich mit dir sterben müsste, werde ich dich nicht verleugnen" (Mat. 26,35)*, oder wie Johannes und Jakobus, die Donnersöhne, die erklärten: *«Wir können den Kelch trinken!» (nach Mat. 20,22)* Nein, wir können es allemal nicht! Wir können es nur, wenn Jesus in uns stärker ist als der, der in der Welt ist! Wir können es nur in der Kraft des Geistes und aus Gnade. Aber aus Gnade und mit Jesus können wir über die Mauern springen! Aus Gnade und mit Jesus können wir auch mit diesem Feuer getauft werden.

Viele haben bereits solche Feuertaufen hinter sich; und wenn jemand durch eine Feuertaufe hindurchgegangen ist, dann weiss er: Das ist Gnade von Gott! Es ist eine unwahrscheinliche Gnade, ein Privileg, wenn Gott uns durch solche Feuertaufen hindurchführt. Denn er ist ein Vater, der weiss: «Jetzt ist meine Tochter, jetzt ist mein Sohn bereit; jetzt darf ich sie durchs Feuer hindurch gehen lassen.»

Alles, was irgendwo Bestand hat, muss im Feuer gebrannt werden. Auch die leuchtenden Farben kommen erst zum Tragen, wenn sie im Ofen eingebrannt sind. Zuhause habe ich einen wundervollen Teller, den ein junger Pfarrer im Feuer gebrannt hat. Der Teller hat wunderbare Farben, aber diese Farben sind durchs Feuer eingebrannt. Das ist nicht nur aufgemalt, sie lassen sich auch nicht mehr löschen. Menschen, die durch solche Feuertaufen hindurch gegangen sind, denen sind Farben eingebrannt, die nie mehr gelöscht werden können. Da, wo wir durch solche Feuerproben hindurchgehen, erfahren wir die Herrlichkeit Gottes.

Gewurzelt in der Vaterschaft

Wir gehen tiefen Erschütterungen entgegen, auch diesem Feuergericht, dieser Läuterung. Darum will Gott jetzt diesen unerschütterlichen Grund nochmals neu legen. Zu diesem Grund gehört, dass wir gewurzelt sind in der Vaterschaft Gottes. Paulus sagt das ganz klar (Eph. 3,14–20): *«Ich beuge meine Knie vor dem Vater aller Vaterschaft.»* Er spricht davon, dass wir *«gewurzelt, gegründet, gefestigt sind in der Liebe des Vaters, die sich offenbart hat in Jesus.»* Wenn der Grund nochmals neu gelegt wird, müssen wir durch den Geist eine Offenbarung von der Vaterschaft haben. Vaterschaft muss in unsere Herzen hineingezeichnet sein, in unsere Seele und in unseren Bauch! Alles muss wissen: «Ja, ich bin gewurzelt in diesem Vater!»

Du kannst mit zerrissenen Kleidern und allem Unfertigen zum Vater kommen, weil du spürst: Bis zum letzten Atemzug bleiben wir in der Umgestaltung in das Bild Jesu. Immer fehlt etwas! Wir werden erst vollkommen sein, wenn wir Jesus sehen. Dann werden wir alle in einem Nu in das Bild Jesu verwandelt; und wir werden sein, wie er ist. Aber jetzt schon können wir mit all den inneren Löchern unserer Seelen und mit allen Defiziten zum Gnadenstuhl des Vaters gehen. Wir können uns an den Vater schmiegen und wissen: Da komme ich zur Ruhe, da bin ich zu Hause, da kann mich keiner mehr wegscheuchen. Gott hat geschworen: *«Ich werde dir nicht mehr zürnen, ich bin mit dir. Du bist mein Sohn, du bist meine Tochter!»* Unser Geist, unsere Seele, unser Bauch müssen das tief, tief wissen!

Gottes Visum

Für die Mongolei, für China und für viele andere Länder braucht man ein Visum, um hinein zu kommen. Es gibt da Geschichten, die oft recht kompliziert sind. Visum kommt von *«video»* = sehen, betrachten, anschauen. Das hat nicht nur einfach etwas mit Bürokratie zu tun, sondern dieses «Anschauen, Betrachten» geht halt etwas länger. Jede offizielle Stelle schaut das Visum an und betrachtet es! Als Gott diese Welt schuf, heisst es immer wieder: *«Und Gott sah an, was er gemacht hatte, und es war gut.» (1. Mose 1)* Warum betrachtet Gott immer wieder, was er gemacht hat? Gott schafft doch, und wenn er schafft, könnte er doch sagen: «Ist okay!» Wenn der Vollkommene etwas schafft, ist es immer vollkommen. Aber selbst Gott gibt noch das «Visum» für diese Schöpfungswerke! Er betrachtet sie nochmals, er schaut sie nochmals an und sagt: «Was habe ich da gemacht!»

Jeder Künstler tritt immer wieder zurück vom Bild, schaut es wieder an, geht näher hinzu, stellt die Staffelei ein bisschen zum Licht hin. Er betrachtet es aus Freude und weil er spürt, was da noch alles drin liegt! Du hast es geschaffen; aber du entdeckst plötzlich, dass da noch viel, viel mehr ist, als du überhaupt gedacht hast! Als Gott am Schluss alles noch einmal angeschaut hat, war er selber überrascht! Da sagt er: *«Es ist nicht nur gut – es ist sehr gut! Ich habe etwas Tolles gemacht!» (nach 1. Mose 1,31)* Das sagt der vollkommene Gott! Er ist ein Künstler, ein Schöpfer. Alles, was wir machen: Lobpreis, Malen, Tanzen – all das wunderbare Schöpferische, Kreative, das Gott in uns hineingelegt hat, ist ein Ausfluss seines Herzens.

Ich habe in der Mongolei zum ersten Mal ein «Yak» gesehen, ein seltsames Tier, halb Pferd, halb Kuh. Aber Gott hat dieses Tier auch angesehen, hat es lange betrachtet – ein wundervolles Bild! Im Stillen hat Gott sich doch gesagt: «Den Zoologen will ich damit etwas ins Stammbuch schreiben, damit sie ein bisschen Material haben, um sich den Kopf zu zerbrechen!» Wunderbar!

Dieses *Betrachten* ist ganz wesentlich. Erst dann, wenn der Künstler sein Werk «betrachtet» hat und dann sagt: «Ja, jetzt ist es gut. Jetzt lege ich das Bild aus der Hand», setzt er seine Unterschrift darunter, sein «Visum». Rembrandt und andere Künstler haben oft Jahre gewartet, haben übermalt, noch einmal übermalt und noch einmal übermalt.

Deshalb gibt es auch diesen zweiten Schöpfungsbericht (1. Mose 2), wo im Besonderen die Frau geschaffen wird. Sie wird zwar auch im ersten Schöpfungsbericht geschaffen, aber im zweiten wird gesagt, wie Gott nochmals nachbessert und sagt: «Die Sache ist noch nicht vollkommen, da fehlt noch was!» Dann wird aus der Rippe des Mannes die Frau geformt. Können wir uns das vorstellen: Wenn Gott noch einmal ansetzt, macht er etwas noch viel Besseres als beim ersten Mal! Als Gott dem Adam dann die Frau zugeführt hat, sagte dieser auch voller Begeisterung: «Super! Endlich, endlich! Gebein von meinem Gebein! Fleisch von meinem Fleisch!» Das ist Gott!

Wir alle brauchen das Visum

Wir brauchen das Visum, damit wir spüren: «Es ist gut!» Wenn du dieses Visum nicht hast, diese Bestätigung, dass einer dich anschaut, wirklich anschaut und sagt: «Ja, genau, dich habe ich gemeint! Dich liebe ich! Du bist willkommen!», dann ist das Leben ganz schwer, und du bist ständig verunsichert. Selbst Jesus brauchte dieses Visum! Der Vater hat es ihm schon bei der Geburt gegeben, als sich der Himmel öffnete und das *«Ehre sei Gott in den Höhen...» (Luk.2,14)* als prophetisches Zeichen erklang, das Visum Gottes für seinen Sohn. Bei der Taufe im Jordan öffnete sich dann wiederum der Himmel, und die Stimme kam: *«Dies ist mein geliebter Sohn, an dem ich Wohlgefallen gefunden habe.» (Mat. 3,17)* Ein Visum! Später, auf dem Berg der Verklärung, sagt Gott dann noch einmal: *«Dies ist mein geliebter Sohn ... höret auf ihn!» (Mat. 17,5)* Und schliesslich, vor der Passionsgeschichte, bestätigt Gott das Gebet seines Sohnes öffentlich mit einem Donner und sagt: *«Ich habe meinen Namen verherrlicht und werde ihn wieder verherrlichen!» (nach Joh.12,28+29)*

Jesus hat ein Visum gehabt von seinem Vater! Und er hat uns den Vater offenbart, damit jeder von uns das Visum dieses Vaters, den Stempel der Lebensberechtigung, in seinem Herzen hat. Darum werden wir mit dem Heiligen Geist versiegelt. Der Heilige Geist ist dieses Siegel, dieses Visum Gottes: «Dich meine ich!», damit du tief innen weisst: Ich bin wirklich gemeint!

Ich bin in einem christlichen Elternhaus aufgewachsen. Schon mit der Muttermilch habe ich alles eingesogen, habe mich zehn, zwanzig, dreissig Mal bekehrt. Ich war wirklich ein anständiger Kerl, was die Leute so dachten. Dann wurde ich Pfarrer und habe recht gepredigt. Aber ich habe dieses Visum nie gehabt: ich war nicht «wiedergeboren», nur bekehrt. Aber du musst gezeugt sein von dem Heiligen Geist! Das ist nicht eine Papiersache und ist auch nicht eine Adoption. Wir sind gezeugt durch den Geist Gottes, nicht durch Fleisch und Blut (Joh. 1,13). Es ist eine Zeugung des Vaters – und du bist durch den Heiligen Geist gezeugt als eine Tochter, ein Sohn. Und der Heilige Geist gibt uns dann dieses Zeugnis, d. h. er sagt deinem Geist, dass du dieses Kind bist, ein rechtmässiges Kind, gezeugt von Gott (Röm. 8,16). Und so bekommst du das Visum von deinem Gott: *«Ja. Dich habe ich gut gemacht! Gut, sehr gut! Meine Tochter! Mein Sohn!»*

Das Werk Jesu

Was hat denn Jesus gemacht, als er vor dieser Ehebrecherin hingekniet ist und in den Sand geschrieben und sich zu dieser Frau gestellt hat? Er hat ihr das Visum gegeben, indem er sagte: *«Ja! Geh und sündige hinfort nicht mehr!»* Was hat er der Samariterin am Jakobsbrunnen gegeben? Das Visum: *«Du sollst leben! Ich eröffne in dir eine Quelle, die ins ewige Leben hineinfliesst!»* Was hat er den Jüngern, besonders Petrus, gegeben? Dieses Visum, trotz allem Verrat: *«Du bist okay. Du bist der Fels, auf dem ich meine Kirche gründe!»* So ist das Wesen Gottes! Darum kann auch bei Leuten, die von Satan durch höllische Zerstörung kaputtgemacht worden sind, durch Gott etwas wieder hergestellt und aufgebaut werden, weil sie in ihrem Geist wissen: «Ich habe das Visum. Ich kann auch wieder aufstehen, wenn ich in ein Schlagloch hineingefallen bin. Ich rufe Jesus an, sein Blut reinigt meine Gedanken wieder, und dann gehe ich wieder weiter.»

Du musst das Visum haben, denn ohne dieses Visum bist du immer unsicher im Leben. Du bist auch unsicher in der Gemeinde! Es gibt viele Christen, die in der Gemeinde sitzen und immer noch kein Visum haben! Aber du musst das wissen, was ein alter Vers so ausdrückt: «Bis zum Schwören musst du wissen, dass der Schuldbrief ist zerrissen!» Das kann dir dann niemand mehr rauben: «Ich bin ein Sohn Gottes!» Du brauchst dann nicht mehr zu sagen: «Ich glaube, dass ich dann einmal Jesus sehe!» Nein: «Ich weiss es, weil ich das Siegel habe von Gott!» Jeder von uns muss tief innen überzeugt sein, in allen Anfechtungen drin, die uns immer wieder anfallen, dass er von Gott angenommen und sein Kind ist. Ich muss wissen, dass Gott zu mir sagt: *«Ich habe geschworen, nie mehr werde ich dich verlassen! Nie mehr!» (nach Jos. 1,5)* Gott lügt nicht, und wenn Gott diesen Schwur, dieses Versprechen abgibt, dann gilt es auch. Im Blut Jesu Christi ist das Fundament unseres Lebens. Jesus ist das Fundament.

Jeder Einzelne muss sich also nochmals fragen: «Habe ich dieses Visum? Bin ich versiegelt mit dem Heiligen Geist? Weiss ich das?» Wenn du das nicht weisst, solltest du das festmachen! Wenn die Erschütterungen kommen, musst du das Visum haben! Die Menschen werden vielleicht kommen und dir das Christsein absprechen wollen, oder du wirst in Versuchungen geraten, wirst vielleicht auch einmal fallen. Dann weisst du: «Ich habe dieses Visum!» Der Heilige Geist, der wunderbare Tröster, der in alle Wahrheit führt, wird es dir immer wieder zuflüstern: «Du bist errettet! Niemand ist gegen dich – Gott ist für dich! Wer will dir schaden?» Und zu den geistlichen Leitern sagt er: *«Siehe da mein Knecht, an dem ich festhalte, mein Erwählter, an dem meine Seele Wohlgefallen hat!» (Jes. 42,1)* Als Leiter musst du besonders dieses Siegel haben! Dann können Menschen über dich reden, was sie wollen – du hast das Visum von Gott, dass deine Leiterschaft von Gott ist und nicht von Menschen.

Gemeinden müssen in der Vaterschaft gegründet sein

Ich glaube auch, dass die christlichen Gemeinden wieder das Visum vom Vater haben, dass sie in der Vaterschaft gegründet sein müssen. Gemeinden werden geläutert, damit der Grund der Gemeinden wieder von Saphiren und Malachiten gebildet wird. Wir können keine Gemeinden mehr auf Sand bauen! Tolle Visionen und kühne Träume reichen nicht, wo wir z. B. sagen: «Bis zum Jahr so und so sollen so und so viele Ableger entstehen.» So mancher ist gestrauchelt, weil es die eigenen Visionen und Träume gewesen sind, aber der Grund war nicht vorhanden! Wenn Gemeinden nicht auf diesem Grund von Malachit und Saphir, auf diesem Grund der Vaterschaft, des Blutes und des Kreuzes Jesu Christi, auf diesem Grund von Gnade und Wahrheit sind, werden sie aufgelöst – anders geht es nicht mehr. Gemeinden werden auch erschüttert!

Wir müssen wieder zurück zum Vater – auch als Gemeinden! Wir müssen in der Vaterschaft gegründet sein, in diesem unbedingten Wissen: *«Der Vater ist grösser als alles!» (nach Joh. 10,29; Luther)* Es heisst ganz klar, wir müssen zur Ruhe Gottes kommen (Heb. 4)! Die Ruhe ist nur beim Vater, wenn du im Schoss dieses Vaters bist. Warum war Jesus der ruhende Pol in dieser verrückten Welt? Er war der Einzige, der nicht ausgeflippt ist, der nicht irgendwo gegen die Römer oder anderes kämpfen musste. Er war einfach da, schrie nicht auf der Gasse, hat den glimmenden Docht nicht ausgelöscht, das geknickte Rohr nicht abgebrochen. Und wenn da ein Blinder war, hat er, der Heiland der Welt, sich die Zeit genommen, eine Paste zu machen aus Speichel und Staub, um sie ihm auf die Augen zu legen. Dann ging er wieder mit einem anderen Blinden Hand in Hand vor die Stadt. Ein Mann voller Ruhe! Er war in der Ruhe Gottes, seines Vaters.

Man spürt einer Gemeinde an, ob sie in der Ruhe oder in der Unruhe ist. Eine Gemeinde muss in Gott ruhen, zur Ruhe gekommen von den eigenen Werken. Nur so kann sie dann in die Werke Gottes hineinkommen, wo ihr eigentliche Salbung liegt, ihr eigentlicher Auftrag. Viele Gemeinden fahren wie im Wilden Westen zwölfspännig. Der Pastor oben auf dem Bock mit zwölf Gäulen; und wenn es kritisch wird, versucht er über die Rücken der Gäule hinweg nach vorne zu kommen, um das vorderste Paar zu erreichen, und fällt dann am Schluss von Pferd! Aber wir spielen nicht «Wilder Westen». Wir spielen überhaupt nicht.

Wir sind Bürgerinnen und Bürger des Reiches, wir sind zur Ruhe gekommen. Aus dieser Ruhe heraus werden die grössten Werke getan! Aus der Ruhe Jesu heraus kam das Kreuz von Golgatha! Aus der Ruhe Jesu heraus kam wieder die Hoffnung, dass wir eine Zukunft haben auf das Reich Gottes hin. Einer, der Jesus repräsentiert, kann so viel an «Strömen von lebendigem Wasser» weitergeben, einfach weil Jesus in ihm ist. Man kann es nicht erklären, aber wenn Menschen, in denen Jesus lebt, in einen Raum herein kommen, geschieht ohne Worte Entscheidendes. Wenn der grosse Evangelist Finney unterwegs war, fielen die Menschen auf dem Gehsteig um. Das war einfach die Gegenwart Gottes. Der Schatten der Apostel hat geheilt – was ist das anderes gewesen als die Gegenwart Gottes? Wenn Jesus in uns Gestalt gewinnt, weil wir zur Ruhe gekommen sind vom Rennen und Laufen, kann Gott das Entscheidende tun.

«Jüngere Söhne» und der «Ältere Bruder»

Viele der «jüngeren Söhne» sind im Hochgefühl des Aufbruchs ausgezogen, und das war eine herrliche Zeit. Tausende von Menschen liessen sich von Gott ihr Erbe auszahlen und haben sich mit Visionen aufgemacht, um jetzt endlich einmal in den alten Gefässen der Landeskirchen und etablierten Gemeinden das Neue zu schaffen. Auch viele der jungen Gemeinden haben das Vermögen des Vaters an sich genommen – das Wort Gottes, den Heiligen Geist, die Gemeinschaft mit den Brüdern und Schwestern – und sind losgeprescht.

Aber wir müssen wieder zurück zum Vater; es gibt kein Leben in der Gemeinde, das nicht in der Ruhe des Vaters gewurzelt, gegründet, befestigt wäre! Und dann werden durch solche Gemeinden Städte, Regionen und Nationen bewegt, weil aus dieser Ruhe heraus gewaltige Schübe von Gott kommen. Keine Angst! Bei Gott werden wir nicht arbeitslos! Er wird uns genug zuschaufeln und uns Reich Gottes erleben lassen. Jeder wird in seinem eigenen Auftrag wachsen und wachsen – aber wir müssen zurück zum Vater.

Weiter müssen wir barmherzig miteinander sein, so wie jener Vater barmherzig gewesen ist. Er hat nicht gesagt: «Ich hab's ja gewusst! Hättet ihr besser…», sondern er ist diesem jüngeren Sohn entgegengelaufen und hat ihn in die Arme genommen. Das müssen wir im Leib Jesu üben. Wenn Gemeinden zerbrechen, in Knechtschaft kommen, wenn sie verarmen, wollen wir ihnen entgegengehen und ihnen helfen. Wir wollen ihnen die Liebe und Ermutigung Gottes wieder bringen und sagen: «Da sind wir. Wir sind euch Freund, wir sind euch Brüder und Schwestern. Es ist schön, wenn ihr wieder kommt! Ihr seid herzlich willkommen, wir wollen als Pastoren und Leiter wieder Gemeinschaft haben.» Wir müssen das Herz Gottes haben, um ihnen entgegen gehen und sie empfangen zu können. Es gibt viele Entmutigte und Zerbrochene, und wir brauchen wieder diese Ermutigung. Gott hat seinen nach Hause gekommenen, abgebrannten Sohn ermutigt und gesagt: «Schön, dass du wieder da bist!» Dann können die Menschen auch Busse tun und sagen: «Ich habe gesündigt und ich will wieder in die Ruhe Gottes kommen!»

Aber auch die Älteren müssen zum Vater, welche die ganze Zeit im Haus des Vaters geblieben sind und den Eindruck haben: «Wir sind so klug. Wir sind durch die Mitte hindurchgeschlüpft.» Ein bisschen Wellen des Heiligen Geistes, ein Schäumchen geistliche Kampfführung, auch ein bisschen Krankenheilung, und wenn's sein muss, hinter verschlossenen Türen, vielleicht auch einmal ein Befreiungsdienst. So schön ab durch die Mitte, aerodynamisch, stromlinienförmig, aalglatt. Auch wir müssen zurück zum Vater! Wir kommen so nicht zum Leben. Wir sind zwar beim Vater und wollen es recht machen, und dienen diesem Gott, aber wir sind nicht im Leben, im Strom drin. Wir sind nur am Rande, krempeln die Hosenbeine hoch, stehen ein bisschen im Wasser und baden die Füsse. Aber wir wollen in den Strom hinein, in den Strom des Lebens! Wir werden alle wieder dahin kommen, wenn wir im Vaterherzen gegründet sind.

Der Heilige Geist wird das tun, es ist sein Werk. Ich kann euch Vaterliebe nicht vermitteln, ich kann nur davon Zeugnis geben, was der Vater in meinem Herzen festgemacht hat. Seit ich das Siegel, das Visum meines Vaters habe, kann ich leben. Da ist etwas in mir zur Ruhe gekommen. Früher habe ich alles mögliche vom Zaun gerissen, wenn mir wieder eine Idee kam. Das muss ich heute nicht mehr, ich bin zur Ruhe gekommen in meinem Vater. Wenn wir im Vaterherzen Gottes verwurzelt sind, dann wird er uns auch immer wieder Aufgaben geben, die uns in die Weite führen.

Niklaus von Flüe

In der Schweiz haben wir einen merkwürdigen Heiligen: Niklaus von Flüe – einen, der am Herzen Gottes zur Ruhe gekommen ist. Gott hat durch diesen Mann, der zwanzig Jahre lang buchstäblich nichts gegessen und getrunken hat, für die übersättigte Wohlstandskirche ein Zeichen der Busse gesetzt. Er war ein prophetisches Zeichen dafür, dass der Mensch von der Gnade Gottes lebt und von seinem Wort, nicht von den Pfründen und den Klingelbeuteln beim Ablass! Durch ihn hat Gott den Menschen der damaligen Zeit gesagt: «Meine Gnade genügt! Mein Wort genügt! Ein Mensch kann satt werden durch mein Wort und die Gemeinschaft mit mir!» Das war etwas Einmaliges! Gott hat diesen Mann dann in machtvoller Weise gebraucht, um eine ganze Nation zu beeinflussen.

6

Der «rechte Vater»

Eine Beziehung zum lebendigen Gott

«Deshalb beuge ich meine Knie vor dem Vater, der der rechte Vater ist über alles, was da Kinder heisst im Himmel und auf Erden, dass er euch Kraft gebe nach dem Reichtum seiner Herrlichkeit, stark zu werden durch seinen Geist an dem inwendigen Menschen, dass Christus durch den Glauben in euren Herzen wohne und ihr in der Liebe eingewurzelt und gegründet seid. So könnt ihr mit allen Heiligen begreifen, welches die Breite und die Länge und die Höhe und die Tiefe ist, auch die Liebe Christi erkennen, die alle Erkenntnis übertrifft, damit ihr erfüllt werdet mit der ganzen Gottesfülle. Dem aber, der überschwenglich tun kann über alles, was wir bitten oder verstehen, nach der Kraft, die in uns wirkt, dem sei Ehre in der Gemeinde und in Christus Jesus zu aller Zeit, von Ewigkeit zu Ewigkeit! Amen.» (Eph. 3, 14–21; Luther)

Dies ist ein Lobpreis, der im Gefängnis entstanden ist, also keineswegs in einer Situation, die Paulus besonders motiviert hätte, diese Güte Gottes gerade jetzt in spezieller Art zu preisen. Aber es ist dieses Überwältigtsein des Paulus von dem Herzen Gottes und dem Geheimnis seiner Liebe und dem Geheimnis Jesu Christi.

Deutschland – vieles in der Krise

Ich habe den Eindruck, dass wir – vor allem auch in Deutschland – noch einmal ganz besonders eine Berührung von diesem «Vater aller Vaterschaft», von diesem «rechten Vater» brauchen. In der deutschen Geschichte gab es viele Väter; leider auch solche, welche das Volk irregeführt und in mannigfacher Hinsicht betrogen haben. Ich denke aber auch an die gegenwärtige gesellschaftliche Situation, die entstanden ist: die Abwertung von Ehe, die Zerstörung von Familie – wo so viele Frauen und Männer Verletzungen tragen von Verlassenheit, wo Väter weggegangen sind, wo Eltern geschieden worden sind; wo Autoritätspersonen, zu denen man aufgeschaut hat, plötzlich in Skandale verwickelt sind; aber auch, wo das Vaterland, das man geliebt hat und sein Leben dafür eingesetzt hat, plötzlich so bloss dasteht – ganz ähnlich, wie wir es in der Schweiz kürzlich erlebt haben, wo eine Weltöffentlichkeit uns in die Schamecke gestellt und mit Fingern auf uns gezeigt hat. Das ist alles nicht so einfach.

Auf dem Felsen stehen

Wir müssen ganz einfach wieder zurück auf den Felsen, auf dem wir stehen können. Manchmal scheint mir, wir haben kein Fundament mehr. Wir wissen zwar viel über den Glauben, und gerade in der lutherischen Kirche gibt es auch noch eine feste Tradition. Und doch ist es so, als wäre uns ein Stück weit der Boden unter den Füssen weggezogen worden, und wir stehen nicht mehr auf diesem Felsen. Aber eines ist ganz klar: *Der Felsen besteht nicht in erster Linie aus Glaubenssätzen, sondern er ist eine lebendige Beziehung des Herzens zu Gott.* Wir können das ganze Evangelium zusammenfassen in dem, was Jesus gesagt hat: *«Ich bin im Vater, und der Vater ist in mir.» (Joh.14,10;17,21)* Das ist das Evangelium. So einfach.

Ich in dir und du in mir

Wenn wir einander lieben, wirklich von Herzen lieben, wo die Liebe durch uns zu unseren Nächsten, zu unseren Partnern, zu Vater oder Mutter hin, oder von Vater und Mutter zu den Kindern hin fliesst, da gibt es immer ein Geheimnis dieser Liebe: *Der andere ist in meinem Herzen, und ich bin in seinem Herzen.* Was macht denn eine wirkliche Ehe aus? «Diese Frau ist in meinem Herzen, und ich bin im Herzen dieser Frau.» Das ist doch die Liebe, das ist das ganze Geheimnis. Nicht, dass wir diese oder jene Formen leben, oder diese und jede Regel beachten, sondern dass wir jeder im Herzen des anderen wohnen und sein können. Das ist es! Dann braucht es nur eine Handberührung, es braucht nur einen Blick, oder es braucht nur irgendeine andere Geste, wo man spürt: «Ich bin im andern drin, und er ist in mir.» Das ist es doch, was wollen wir denn mehr?

Oft leben wir unser Christsein so unendlich kompliziert. Wir wollen immer noch nach dem Buchstaben gute Christinnen und Christen sein und dieses oder jenes tun – vielleicht noch mehr beten und noch mehr Bibellesen, oder noch einen zusätzlichen Dienst übernehmen, oder nach Möglichkeit das Haus verkaufen, um vollzeitig in den Dienst zu gehen. Aber fragen wir doch einfach einmal: *«Lebt Gott in meinem Herzen, und lebe ich in Gottes Herzen?»* Das ist es doch, das ist doch Liebe! Was meinst du denn, was die Freude Gottes ist? Dass er Strichlein macht, wieviele Stunden du die Bibel liest, oder wieviele Stunden du betest?

Kein Stress

Ich war einmal in so einem Gebets-Trainings-Camp. Da wurden auch solche Regeln aufgestellt; z.B. hiess es, im Minimum vier Stunden am Tag zu beten; und wenn man ein rechter Fürbitter wäre, dann gehörten auch die Nächte Gott. Alles gut und recht. Ich bin dann morgens um zwei oder drei aufgestanden und habe angefangen, zu beten und zu beten und zu beten – bis ich in eine

Depression hineinkam. Meine Stimme fiel total aus, und ich konnte nicht mehr richtig predigen. Morgens von zwei bis vier habe ich da im Gebet «geböllert» und gemacht und getan, weil ich ja so ein Super-Fürbitter sein wollte. Aber Gott hat das gar nicht honoriert, indem er eine Salbung auf meine Stimme gelegt hätte, sondern im Gegenteil: Er hat Sand gestreut, damit dieses Getue endlich mal aufhört und ich ihn frage: «Gott, willst du das überhaupt?» Endlich habe ich gesagt: «Herr, ich kapituliere, ich bin nicht der grosse Fürbitter. Ich bin nicht der Held, der sich jede Nacht die Stunden um die Ohren schlägt, um dann um vier, halb fünf ins Bett zu sinken, und um sechs schon wieder aufzustehen und zu denken: Du bist doch ein wackerer Kerl!» Bei mir war es jedenfalls so, dass die Depression schlagartig weg war, als ich wieder normal wurde.

Was war *das Geheimnis von Johannes,* von dem die Bibel sagt: *«der Jünger, den Jesus liebhatte» (nach Joh.13,23)*? Es war nur eines: Jesus in seinem Herzen und er im Herzen von Jesus. Dazu kam dann auch dieser ganze Mut, den er später bewiesen hat, mit Jesus unter dem Kreuz zu stehen und mit ihm zu gehen. Aber das kannst du nur, wenn Jesus in deinem Herzen ist, und wenn du im Herzen von Jesus bist. Dann kennt man keine Angst, keine Furcht mehr. *«Die vollkommene Liebe treibt die Furcht aus.» (1. Joh. 4,18)* Wir müssen wieder auf diesen Felsen kommen: Er in mir – ich in ihm. Wir müssen wieder dahin kommen, wo wir wieder weinen können vor Freude und vor Seligkeit, dass Jesus in mir ist und ich im Herzen dieses Königs aller Könige. Lest immer mal wieder Johannes, Kapitel 17, wo Jesus sagt, der Vater sei in ihm, und er sei in uns und wir in ihm. In diesem sogenannten Hohenpriesterlichen Gebet fasst Jesus abschliessend noch einmal zusammen, was der ganze Inhalt des Evangeliums ist: die Liebe – Gott lieben mit ganzem Herzen, mit ganzer Seele, mit all meiner Kraft, mit meinem ganzen Verstand; und aus dieser Liebe heraus, die Gott mir gibt, den Nächsten wie mich selbst.

Der rechte Vater – überwältigt von Erbarmen

Für mich ist ein rechter Vater barmherzig; und Gott wird immer wieder – wenn er sich selber vorstellt und an Menschen vorbeigeht und sein Wesen und seinen Namen nennt – ausrufen: *«barmherzig und gnädig, barmherzig und gnädig, barmherzig und gnädig» (nach 2. Mose 33,6)!* Wenn Gott unser Vater und Schöpfer ist, dann kann er nur in einer Art und Weise barmherzig sein, wie wir uns das nicht vorstellen können. Du weisst ganz genau: Wenn deinen Kindern, die du liebst, etwas geschieht, ist dein Schmerz über das, was deinen Kindern geschieht, viel, viel grösser als der Schmerz, den deine eigenen Kinder empfinden. Gott kennt uns durch und durch, dein und mein Herz bis in die tiefsten Tiefen. Er sieht dein Leben wie ein aufgeschlagenes Buch – jeden Gedanken, den du denkst, jedes Wort, das über deine Lippen kommt. Darum ist er immer wieder überwältigt von Erbarmen mit uns Geschöpfen.

Jesus hat geweint über die Menschen. Das ist das Erbarmen Gottes über das, was wir sind, wie's uns geht, wie wir dran sind. Wir, die wir manchmal anderen seelsorgerlich dienen dürfen, sind ja schon überwältigt von diesem Erbarmen – nur so fünf Minuten hineinhören, hineinfühlen in ein Menschenleben: Was geht da alles durch mein Herz? Da könntest du einfach nur heulen; und dabei sehen wir nur die Spitze des Eisberges. Aber Gott sieht in alle Tiefen. Er sieht alle Generationen, aus denen du kommst. Und er sieht das, was noch kommen wird. Alles ist vor seinen Augen. Darum dieses grenzenlose Erbarmen Gottes! Da braucht es nur eine Regung unseres Herzens, und dieses Erbarmen Gottes fliesst über.

Der Bogen in den Wolken

Nach der Sintflut war die ganze herrliche, gewaltige Schöpfung total zerstört, nur noch Chaos, nur noch Schlamm. Einfach zerstört und kaputt – diese ganze Pracht, geschaffen aus Gottes Leidenschaft. Übrig geblieben waren die vielen Tierpaare, welche durch die Arche hindurch gerettet wurden, und ein Häuflein Menschen. Da opfert Noah seinem Gott ein Schlachtopfer, beugt seine Knie, hebt seine Hände zu Gott und dankt ihm, dass er durchgetragen worden ist durch diese Scheusslichkeit von 40 Tagen Dunkelheit, in diesem Gefängnis, schlimmer als der Fischbauch eines Jona. Da war immer nur das Prasseln des Regens und die bleierne Stille um diesen Kasten herum, dazu die Laute der Tiere, eingeschlossen in diesen Kasten, dieses Herumtappen und Füttern der Tiere, und das bisschen sich Wärmen und Trostgeben, bis man schliesslich das Fenster öffnen konnte, um einen Raben ausfliegen zu lassen. Und jetzt baut Noah Gott einen Brandopferaltar, er hebt seine Hände, der Rauch steigt auf, und es heisst: *«Dieser Rauch stieg in die Nase dieses Gottes.»* Da fliesst das Erbarmen Gottes `über, nicht mehr dieser Frust über die kaputte Schöpfung, nur noch das Erbarmen. Und Gott sagt: *«Ich will den Menschen nie mehr zerstören; ich will diese Welt nie mehr zerstören, so lange sie besteht. Es soll nicht aufhören Saat und Ernte, Sommer und Winter, Frost und Hitze, Tag und Nacht.» (nach 1. Mose 8,20–22)* Wie um sich selber zu verpflichten, setzt Gott diesen wunderbaren Bogen in die Wolken und schliesst einen Bund, den Noah-Bund (1. Mose 9,12–17). Welch ein Erbarmen Gottes!

Erbarmen mit den Mördern

Oder denken wir an den *König Ahab,* diesen Kerl, der einem armen Mann den Weinberg weggenommen und diesen Mann dann – unter Mithilfe seiner Frau und falscher Zeugen – einfach hat steinigen lassen (1. Kön. 21). Danach geht er, mit vollgeschlagenem Bauch, nach dem Kaffee, auf einem Spaziergang in diesen Weinberg, wo er sich vornimmt, daraus einen Gemüsegarten zu machen. Aber da kommt der Prophet und sagt: *«Was bist du für ein Kerl! Für ein paar Kohlköpfe hast du diesen Mann hinschlachten lassen.»* Da reut es diesen König, und Gott befiehlt dem Propheten sofort und sagt: *«Geh wieder zurück und sag ihm, das Gericht wird nun nicht zu seinen Lebzeiten geschehen, sondern ich schiebe es nochmals hinaus.»* Das ist dieses Erbarmen Gottes. Nur ein Funke, ein Funke, der schreit zu Gott, und dieses Herz Gottes wallt wieder auf, es fliesst über in diesem grenzenlosen Erbarmen mit unserer Nichtigkeit und Bedürftigkeit und Begrenztheit unseres Lebens, mit dieser Gier nach einem Garten in der Nähe, mit dieser Gier, die glaubt, das sei Leben, diese paar Kohlköpfe und die Bank im Schatten. Und Gott wendet sein Herz dem Ahab, diesem Mörder, wieder zu, der sich so vergangen hat und dieses Blut an seinen Händen hat.

Oder wir erinnern uns an *Kain*, der seinen Bruder erschlagen und damit diese Schöpfung zum ersten Mal mit Menschenblut befleckt hat. Dieser Kain schreit zu seinem Gott und sagt: *«Jetzt werden sie mich umbringen, ich bin vogelfrei.»* Und dieser Gott, der überwallt in seinem Erbarmen, antwortet: *«Ich mache ein Zeichen an deine Stirn; und wer dich erschlägt, das soll siebenfach gerächt werden. Du stehst unter meinem Schutz.» (nach 1. Mose 4,15)* Immer und immer wieder dieses Erbarmen Gottes.

Jesus – das überfliessende Erbarmen Gottes

Und was war das erst für ein Erbarmen in diesem Menschen Jesus von Nazareth, in diesem Zimmermann, in diesem Gottessohn! Dieses Erbarmen! Wir können die Evangelien vorwärts und rückwärts lesen, und wir werden sehen: Überall da, wo irgendeiner Jesus gerufen oder zu ihm geschrien hat, da ist Jesus stehen geblieben (Luk. 18,40). Wenn ich da an meine eigene Zeiteinteilung denke! Man sagt uns immer wieder in den Leiterschulungen: «Wende dich nicht problemorientierten Menschen zu, sondern umgib dich nur mit Menschen, die lösungsorientiert sind.» Und weil wir die Zeit gezielt einteilen müssen, um unserem Auftrag gerecht zu werden, denken wir oft zuerst: «Ist das eine ‹Schlüsselperson›? Sind das Menschen in Verantwortung?» Gut und recht. Aber was hat Jesus getan? Jesus hatte den noch viel grösseren Auftrag, Heiland der Welt zu sein und ein Erlösungswerk zu vollbringen, das die Weltgeschichte verändert. Und dann kamen so ein paar Leute, die haben einen Blinden angeschleppt und gebettelt und gesagt: «Heil' ihn!» Und Jesus war überwältigt von Erbarmen über diesen Mann und über das, was in diesem Menschen an Ablehnung war, und vor allem auch von dem Gefühl, eine Last für andere zu sein. Jetzt bringen sie diese «Last» zu Jesus, damit er diese Last «entsorgt» und ihn womöglich heilt, damit er selber für seinen Unterhalt sorgen kann. Und nun dieses Erbarmen Jesu, das ihn überwältigt: Er nimmt den Blinden an der Hand und führt ihn von all diesen Menschen weg, um sich ihm ganz persönlich zuzuwenden (Mark. 8,23) – Er, dieser König aller Könige, unterwegs zum Kreuz, dieser grössten Mission, die je ein Mensch gehabt hat auf Erden.

Darf ich bei dir wohnen?

Dieser «verlorene» Gott, den wir in unserer selbstgewählten Ferne von ihm verloren haben – dieser verlorene Gott kam zu uns, in sein Eigentum, klopfte an und sagte: «Tut mir auf!» Deshalb heisst es auch: Jesus hatte nichts, wo er sein Haupt hinlegen konnte. Das ist *prophetisch* gemeint. Natürlich hatte er Häuser, in die er gehen konnte; aber er hatte nichts, wo er wirklich sein Haupt hinlegen konnte: nämlich dein und mein Herz. *Gott kann sein Herz nur in dein und mein Herz hineinbetten und umgekehrt.* Ich finde das so überwältigend: diese Würde, die wir haben, dass Gott vor meinem Leben steht und sagt: «Kann ich in dir Wohnung nehmen?» Der Vater und ich, sagt Jesus (Joh.14,23), wollen kommen und Wohnung bei dir nehmen durch den Heiligen Geist.

Gebet

Heiliger Geist, ich bitte dich, male uns vor Augen, was das heisst: dass dieser Gott des Himmels und der Erden in uns lebt und in uns Gestalt gewinnt; dass dieser Gott sein Wesen in uns hinein prägt und dann durch uns hindurch seine Kraft, sein Leben, seine Freiheit, sein Erbarmen, seine Liebe weitergehen lässt; und dass Gott in uns lebt zusammen mit all diesen Verwundungen, die noch nicht geheilt sind, und den Verletzungen, die noch schmerzen. Aber Gott ist da drin, auch in einem harten Herzen, das noch nicht weich geworden ist. Gott bettet seinen Kopf auf dein hartes Herz, bis dieses harte Herz unter seinen Tränen und unter dem Blut Jesu Christi weich wird, bis du alle Enttäuschung, alle Bitterkeit herausgeben kannst, um dieses fleischerne Herz zu bekommen. Was für ein Vorrecht! Das ist der Grund, auf dem wir stehen und auf dem wir leben.

Jesus, du hast uns so schlicht und einfach daran erinnert, dass unser Lebenshaus auf dir stehen muss, auf diesem Felsen. Und wenn es nicht auf diesem Fels steht, dann wird es den Stürmen und Winden nicht standhalten. Ich danke dir so, dass du bei uns noch einmal tief gräbst, dass wir dir in dieser Willigkeit unsere Herzen hinhalten, alles, was wir nicht verstehen und wo wir enttäuscht sind, damit Leben auf diesen Grund gebaut werden kann; auf diesen Grund des Vertrauens in diesen Vater, diesen rechten Vater. Und es ist kein anderer Name im Himmel und auf der Erde und unter der Erde, es ist nur dein Name, und in dir sehen wir diese Herrlichkeit des Vaters. Du hast uns diese Herrlichkeit deines Vaters offenbart am Kreuz; da ist diese ganze Herrlichkeit in deinem Gesicht gewesen, als du gesagt hast: «Vater, vergib ihnen, denn sie wissen nicht, was sie tun!», als du gesagt hast: «Vater, in deine Hände befehle ich meinen Geist.» Da ist diese Herrlichkeit des Gottes Abrahams, Isaaks und Jakobs, diese Herrlichkeit des richtigen Vaters aufgeleuchtet. Und, Jesus, wir wollen in dein Gesicht sehen und diese Vaterschaft durch dein Gesicht hindurch spüren.

Wir bitten dich: Komm, Heiliger Geist, komm und bring uns diesen Vater-Geist, diesen Felsen in unsere Herzen hinein, dass unsere Seelen, unser Geist, unsere Gedanken und Gefühle wieder gegründet und gewurzelt sind in dieser Liebe, nicht mehr in diesem Sand von ein bisschen Erfahrung, sondern Gott-gewurzelt in dir, gewurzelt in dir, gewurzelt in dir! Heiliger Geist, bring diesen Vater-Grund.

Ich danke dir, Vater, dass du dein Gesicht über uns erhebst, wie du's von Ewigkeit her schon getan hast. Erheb es jetzt über jedem dein Vater-Gesicht, dein Freundes-Gesicht. Lass dieses Gesicht leuchten, wie nur das Gesicht eines Vaters leuchten kann, wenn er sein Kind sieht, das was er geschaffen hat, wofür er sein Leben gegeben hat.

Jesus, berühre ganz tief unsere Herzen. Ich bitte dich auch für alle diejenigen, die zweifeln, und sag' ihnen: «Halt du deine Finger in meine Wundmale und sieh, ob ich dich nicht erwählt habe. Halt deine Hand in meine Seitenwunde und sieh, ob ich dich nicht erwählt habe. Ich hab alles für dich gegeben, damit ich sagen kann: Du in mir und ich in dir.»

7

Der Vater des Erbarmens

Ein Wort an den «älteren Sohn»

« *Gelobt sei Gott, der Vater unsres Herrn Jesus Christus, der Vater der Barmherzigkeit und Gott allen Trostes.» (2. Kor. 1,3; Luther).*

«Ich stehe noch draussen…»

Ein Wort für die Menschen, welche im Blick auf Gott den Eindruck haben: «Ich stehe noch draussen, es ist wie eine Glaswand zwischen mir und Gott. Ich höre zwar alles; aber es dringt nicht in mein Herz hinein.» Dahinter steckt auch eine Verzweiflung und ein Schrei: «Herr, warum nicht ich?» Und diese Verzweiflung spitzt sich dann noch zu, wenn sie andere Menschen sehen, die von Gottes Gegenwart offensichtlich tief berührt werden, die vielleicht zunächst in Tränen aufgelöst sind, denen aber dann die Freude auf dem Gesicht geschrieben steht, die offensichtlich befreit sind, die jubeln und tanzen können im Lobpreis. Aber wir brauchen uns nicht zu verstecken. Wir sind Freunde und Geschwister, auch wenn wir noch vor dieser Glaswand stehen und den Eindruck haben: «Es ist immer noch nicht in mein Herz gekommen. Ich weiss es zwar im Kopf und ich hab's schon Dutzende Male versucht oder hunderte Male; aber es greift nicht.»

Ich denke, das Ganze hat etwas zu tun mit diesen Gefühlen des «älteren Bruders» im Gleichnis von Jesus (Luk. 15, 25–32): Er kommt vom Felde heim – und da ist ein rauschendes Fest mit Reigentanz und Musik im Gange. Sie haben offensichtlich auch

das Mastkalb geschlachtet, auf das sich alle im Hause freuen, nämlich auf diesen Festtag, wo alle Arbeit eines Jahres abgegolten wird. Und jetzt ist also – ohne dass er, der ältere Bruder, zu Hause gewesen ist, und ohne seine Einwilligung – dieser Lohn eines Jahres einfach geschlachtet und in dem Festsaal für diesen heimgekommenen Lumpen und Bruder aufgefahren worden. In dieser Situation steht der ältere Bruder jetzt draussen vor dem Haus und gibt seinem Zorn und seinem Frust freien Lauf.
Ich denke, in manchen von uns sitzt auch diese Enttäuschung. Aber ich empfinde auch ganz stark, dass darin eine noch viel grössere Bedeutung liegt für unser ganzes christliches Abendland.

Europa – der «Ältere Sohn»

Im Blick auf unser Abendland scheint mir, dass Gott auf uns, den älteren Bruder, noch einmal zukommt. Dabei steht er auf von diesen gewaltigen und rauschenden Festen von Grossevangelisationen und Erweckungen in aller Welt, wo sie zu Hunderttausenden, ja zu Millionen ins Reich Gottes hineinrennen und dieses Reich Gottes mit Gewalt an sich reissen – etwa bei diesen Open-Air-Veranstaltungen von Reinhard Bonnke in Afrika, oder den Versammlungen in Argentinien oder in vielen anderen Ländern, wo diese Feste gefeiert werden und der Himmel das Mastkalb schlachtet für diese gewaltige Ernte. Da ist es für mich ein Wunder der Liebe Gottes, dass er nicht auswandert aus aller geistlichen Tristesse unseres Abendlandes, sondern dass er von diesen Festen in Argentinien, Afrika oder wo auch immer in der Welt aufsteht und noch einmal hinausgeht zu uns, den älteren Brüdern und Schwestern in diesem ursprünglich christlichen Kontinent, um noch einmal und noch einmal und noch einmal wie ein Vater mit uns zu sprechen.

Es ist das Werben Gottes um diese älteren Schwestern und Brüder, welche den Glauben nur im Kopf haben, aber nicht im Herzen, welche durch den Dienst und das Erfüllen von Verpflichtungen leben, und die sich schwer tun mit der Verantwortung für Gemeinden und für Werke und für zerstörte Menschen – aber für die selber nichts abfällt. Das bleibt immer ein Traum. Der Traum vom «Böcklein», wo vielleicht der Vater auf die Idee kommen könnte, ihnen zu sagen: «Hör' mal, feiere doch mal ein Fest mit deinen Freunden mit diesem Böcklein.»

Der Vater spricht zu dem trotzigen Kind

Und dieser Vater steht vor dir und fängt jetzt nicht an, seelsorgerlich mit dir zu sprechen, sondern er sagt schlicht und einfach: «Kind!», einfach «Kind!» – wie man das einem trotzigen oder verzweifelten Kind sagt, das nicht mehr ein noch aus weiss, das auf den Boden stampft und total verzweifelt ist und sich nicht mehr trösten lassen will. Und zu uns sagt Gott wie zu einem solchen Kind, indem er uns über's Haar streicht, einfach: *«Kind, Kind, alles was mein ist, gehört dir.»*

Dieser Gott, dein Vater, bittet dich, dieses verzweifelte Kind, das innerlich stampft und schreit, mit seinem Kopf gegen die Wand schlägt, all' diese Rechnungen immer wieder durchgeht, die Buchhaltung seines christlichen Lebens: *«Kind, du solltest fröhlich sein und dich freuen.»* Ein Gott, der dich bittet, dass du dich mit ihm freust, dass Menschen zum Leben durchgebrochen sind, dass Menschen ihre Lumpen ausgezogen und ihre Gerechtigkeit von Gott angenommen haben. Ein Gott, der bettelt, dass Du jetzt nicht länger dieses verzweifelte Kind bist, das aufstampft auf den Boden und sagt: «Vater, ich komm' erst rein, wenn meine Gefühle das bestätigen.» Gott nimmt dieses stampfende, mit dem Kopf gegen die Wand schlagende Kind an die Hand und sagt: «Komm doch rein, tu' mir den Gefallen! Komm' rein und freu' dich mit mir.»

Und vielleicht fängt deine Heilung damit an, dass du diesem Kind in dir, diesem verzweifelten, schreienden, so traurigen Kind, jetzt befiehlst und sagst: «So, und jetzt ergreifen wir die Hand dieses Vaters. Jetzt wollen wir uns mit diesem Gott freuen und seine Freude teilen. Jetzt wollen wir diesen Gott nicht im Regen stehen lassen, nicht allein lassen mit seinem Schmerz.»

Wir haben diesen Gott im Garten Gethsemane allein gelassen, alle haben geschlafen. Wir haben ihn allein gelassen am Kreuz, wir haben ihn allein gelassen in dieser Nacht der Gottverlassenheit. Aber jetzt, da Gott daran ist, die Menschen wieder zu finden, hineinzulieben an seinen Tisch und an sein Herz, wo diese Freude aus diesem Vaterherzen herausbricht, dass Menschen ihn wieder erkennen als den Vater – jetzt steht dieser Gott vor uns.

Kannst du nicht eine halbe Stunde mit mir fröhlich sein?

Er steht vor uns Christen, die vielleicht durch fromme Elternhäuser geschädigt sind, durch Kirchen, durch Pastoren, durch Pfarrer, durch Erfahrungen. Und er bittet wie ein Bettler. So wie er damals seine Jünger gefragt hat: «Könnt ihr nicht eine Stunde mit mir wachen?», so fragt er dich jetzt: «Kannst du nicht eine halbe, eine Dreiviertelstunde mit mir fröhlich sein im Lobpreis?» Ohne dich als Heuchler zu fühlen, ohne die Lippen aufeinander zu pressen und zu denken: «Das ist nichts für mich, das ist alles nur für die andern!» Kannst du dich nicht mit diesem Gott darüber freuen, was an neuem Leben aufbricht? Glaubst du nicht, dass dies ein erster Schritt wäre? Diese halbe, diese dreiviertel Stunde, wo du deinem stampfenden, verzweifelten, schreienden Kind befiehlst, sich aufzumachen, nach vorne zu kommen und zu sagen: «Ich will meinem Gott singen. Ich will auf diesen Gott sehen, der mich unter Tränen bittet: Kind, kannst du nicht eine halbe Stunde mit mir fröhlich sein?» Das ist noch nicht die Heilung, aber es ist ein Anfang. Dort dabei sein, wo Gott sich freut! Und dann schwappt etwas über.

Als ich mit einem kranken Knie zu dem ersten Kongress mit John Wimber nach Frankfurt gefahren bin, da hat Gott es so gefügt, dass ich mit diesem Leiden zu einem Amerikaner kam. Der hat eine ganz kurze und knackige Bestandesaufnahme gemacht, keine Seelsorge, und dann hat er gesagt: «Komm' mit mir.» Und ich bin einfach – mit diesem kranken Knie – in die Versammlung mitgegangen; und dort ist etwas von dieser Herrlichkeit Gottes auf mein Leben übergeschwappt. Unvergesslich, was da in mein Herz gekommen ist, einfach als ich mitgegangen bin, um mich mitzufreuen mit Gott – zu sehen, was er auf diesem Kongress an anderen tut.

Zuschauen ist nicht verboten, wenn es in Keuschheit geschieht, wenn du einfach als einer dastehst, der sich mitfreuen will. Kannst du verstehen, warum Gott sagt: *«Wenn ein einziger sich bekehrt, dann freut sich der ganze Himmel; dann ist ein Fest, wenn dieser Name im Himmel geschrieben wird?» (nach Luk. 15,7)* Und wenn der ganze Himmel diesen Namen sieht und die Engel tanzen, dann steht Gott vor dir und sagt: «Ich bitte dich um eine Viertelstunde, eine halbe Stunde. Schenkst du sie mir, um dich mit mir zu freuen – gegen deine Gefühle, gegen allen Schmerz in dir, gegen allen Groll in dir und gegen alle Bitterkeit? Aber freu' dich mit mir, dem Gott, der dich geschaffen hat.»

Und vielleicht wird dann etwas in deinem Herzen weich, so dass der Heilige Geist in die Tiefen hinein kann, wo die Ursachen liegen, diese Verletzungen; wo er dich herausholt aus diesem Gefängnis des Gesetzes. Denn das Gefängnis des Gesetzes bringt dich in den Tod. Das Gesetz ist *«dazwischen hineingekommen» (Röm. 5,20; Luther)*, sagt Paulus. Es ist sozusagen eine Krücke, ein Gips, den Gott seinem Volke angelegt hat, damit die Sünde noch grösser wird, damit dieses Volk endlich kapituliert und erkennt, dass man aus den Werken des Gesetzes, aus allem eigenem Schaffen und Tun, nicht selig werden kann.

Die Sonnenfinsternis unserer Vater- und Mutterbilder

Gott wird dich dann vielleicht auch an die Bilder heranführen, die immer noch dieses Bild Gottes überschatten: die Vaterbilder und Mutterbilder. Es ist wie bei einer Sonnenfinsternis, wo sich der Mond vor die Sonne schiebt. Wie dieser Mond stellen sich diese geliehenen Vater- und Mutterbilder mit ihrem schwachen

Schein vor die Sonne und verdunkeln das Bild des himmlischen Vaters, bis wir in dieser Dunkelheit nicht mehr wissen, wer Gott ist – auch als Christen nicht.

Du brichst nicht durch, wenn diese Gestirne nicht entmachtet sind, wenn dieser Mond deines Vater- und Mutterbildes nicht seinen Glanz verliert und du dich nicht endgültig von diesen Bildern trennst. Das wird dir zugleich auch helfen, Vater und Mutter auf eine neue, wahre Art zu ehren.

Dabei ist es so, dass die idealen Bilder oft noch gefährlicher sind als die negativen, weil sie uns in Gefangenschaft halten und nicht freigeben. Dann sind wir immer noch wie Mondanbeter und kommen nicht in den Reichtum der himmlischen Vaterschaft hinein. Dann stehen diese Väter immer noch vor dem Licht als diese guten Väter, als diese idealen Väter; und sie rauben das, was Gott uns wirklich an Vaterschaft geben will.

Nur Jesus kann uns den Vater offenbaren

Oft projiziert unsere Seele aus ihrem Mangel heraus die Sehnsüchte eines Vater- oder Mutterbildes in Pfarrer oder Leiterpersönlichkeiten oder gestandene Frauen und Mütter hinein. Das ist zunächst auch einmal gut so. Gott gibt uns diese Menschen als Krücken und Brücken. Aber Jesus hat klar gesagt: *«Ihr sollt niemanden unter euch Vater nennen auf Erden!» (Mat. 23,9; Luther)* Wenn wir uns so sehr an diese geistlichen Väter und Mütter hängen, dann ist das mit einem Kind vergleichbar, das zuhause keinen Vater hat: Nun sieht es einen Mann bei einem anderen Kind und denkt: «Den möchte ich als Vater; so stelle ich mir einen Vater vor.» Dann füllen sich die Träume mit diesem Vaterbild. Aber es ist nicht dein Vater, er hat dich nicht gezeugt. Es ist nur das Wunschbild deiner Seele. Der «Vater aller Vaterschaft» hingegen ist völlig anders als alles, was wir an irdischer geistlicher Vaterschaft erleben können! Jesus hat gesagt: *«Den Vater erkennt niemand als nur der Sohn und wem es der Sohn offenbaren will.» (Mat. 11,27)* Wer dieser Vater aller Vaterschaft ist, das kann dir nur Jesus offenbaren, nur Jesus. Das ist nicht die Sehnsucht deines Herzens hoch 5 oder hoch 10. Es ist viel mehr! Dieser «Vater aller Vaterschaft» kann dir nur *offenbart* werden, jedem von uns! Und Jesus sagt: *«Wenn ihr mich erkannt habt, werdet ihr auch meinen Vater erkennen.» (Joh. 14,7)* In Jesus lernen wir wie in einem Spiegel diesen Vater mehr und mehr erkennen und brechen durch zu dieser Offenbarung, wer dieser Vater wirklich ist.

Das spezifische Gütezeichen des Vaters

Dieser Vater ist die Liebe, und die Liebe hat viele Facetten. So hat auch diese spezifische Vaterliebe ein Gütezeichen, und das ist die *Barmherzigkeit*. Er ist der *«Vater der Barmherzigkeit» (2.Kor. 1,3; Luther)*, der sagt: *«Wem ich gnädig bin, dem bin ich gnädig, und wessen ich mich erbarme, dessen erbarme ich mich.» (2.Mose 33,19)* Dabei ist diese Barmherzigkeit die absolut grundlose Liebe, die das liebt, was nicht liebenswert ist. Das ist Barmherzigkeit. Eine Liebe, die sich ausschüttet über das, was wir verachten, wovor wir Ekel empfinden, was wir nicht bejahen können, was wir von uns abspalten, was wir nicht sehen wollen, wo wir uns vielleicht selber hassen und darum zerstören wollen, in Fresssucht oder Magersucht. Barmherzigkeit ist dieses grundlose Lieben, dieses sich Ausschütten einer Liebe über das, was du nicht lieben kannst. Das ist es, was aus der Tiefe Gottes kommt, aus dem innersten Wesen unseres Gottes. Das ist es, was damals aufgebrochen ist, als Noah das erste Opfer gebracht hat, nachdem er aus dem Kasten heraus war. Da brach dieses Erbarmen, diese Barmherzigkeit auf, und Gott verspricht: *«Ich will diese Erde nie mehr verfluchen. Solange sie steht, soll nicht von dieser Erde weichen Tag und Nacht, Frost und Hitze, Sommer und Winter, denn das Menschenherz ist böse von Jugend auf.» (nach 1.Mose 8,21)* Und dann sagt Gott noch: *«Ich werde mir zum Gedächtnis diesen Bogen in die Wolken setzen, dass ich ein Vater des Erbarmens bin, dass ich der Vater der Barmherzigkeit bin, der sich herabneigt.» (nach 1.Mose 9,13–15)* Ja, er neigt sich herab über all’ das, was wir selber hassen und ausspucken und ausscheiden und an den Rand unseres Lebens drängen.

Wir wissen gar nicht, was Barmherzigkeit ist. Diejenigen, die Väter oder Mütter sind, mögen in ihren Gefühlen so einen Widerschein davon haben: Vielleicht dann, wenn du mal ein Kind in einem Aufwallen der Gefühle geschlagen hast und nun plötzlich dieses Kind vor dir stehen siehst, diesen Jammer! Wie einmal ein Vater mitten in der Nacht vor meinem Hause stand, der herumgeirrt ist wie ein Irrer, fassungslos – sein eigen Fleisch und Blut geschlagen! Er war wie ein Gespenst. Und da ist dieses Erbarmen aufgebrochen über diesem Jammer, über diesen Kindern, die blutig waren im Gesicht. Dieser Jammer, diese Ohnmacht und Hilflosigkeit auch des Kindes, und des Bruders, der daneben steht und sagt: «Vater, ich bin doch schuld!» Wir wissen nicht wirklich, was Erbarmen ist. Dies alles ist nur ein schwacher Widerschein. Aber das Erbarmen Gottes…! Wir wissen gar nicht, wie Gott über uns empfindet. In unserem Kopf und in unserm Herzen ist immer noch, dass er doch noch straft und doch noch irgendeine Forderung eintreibt – und wer weiss, was dann noch passiert, wenn wir dort ankommen.

Verstehen wir jetzt, weshalb dieser «Vater der Barmherzigkeit» das Gericht seinem Sohn übergeben hat (Joh. 5,22)? Der Vater richtet nicht mehr! Er hat keinen Stock mehr! Keine Peitsche! Dieser Vater hat das Gericht diesem geschlachteten Lamm übergeben, damit er ganz für uns fassbar «Vater des Erbarmens» sein kann. Vater, Gott allen Trostes! Spürst du denn nicht dieses Aufwallen des Herzens Gottes für dich? Dass keine Macht dieser Welt dich aus seiner Hand reissen kann? Der Vater lässt dich doch nicht mehr los, wenn du dich nicht vom Vater losreisst. Dieser Abgrund des Erbarmens!

Das Herz Gottes fliegt uns zu!

Wenn wir die Bibel durchgehen, dann entdecken wir: Wo wir nur die ersten schüchternen Zeichen von Reue oder Busse setzen, da fliegt dieses Herz Gottes uns zu! Jedesmal, wenn sie vom Volk Israel ihre Kleider zerrissen und ein bisschen Asche auf den Kopf gestreut haben, ist dieser Vater des Erbarmens zerflossen und hat sich über dieses Volk geneigt.

Es ist wie bei Männern, die mit ein paar Pralinen oder einer Rose nach Hause kommen, aber im Herzen ist immer noch dieses Wölfische und dieses Wissen: «Es wird mir ja doch wieder passieren!» Aber diese Frau, die so überwältigt ist von diesen paar Pralinen und von dieser Rose, hegt diese Blume und schneidet sie und legt sie immer wieder ins Wasser und riecht immer wieder neu an dieser Rose. So freut sich unser Gott über diesen paar Rosen, die wir ihm in der Busse unseres Herzens hinhalten, über diesen Tränen, die wir weinen. Was meint ihr, warum der Heilige Geist sich über uns lagert? Das ist die Barmherzigkeit Gottes, der in seinem Herzen bewegt ist, dass Menschen weinen, dass Menschen ihre Schuld bekennen, dass sie umkehren wollen. Da bricht dieses Erbarmen auf. Der Vater des Erbarmens, der Gott allen Trostes! Dein Vater und mein Vater!

Wer die Barmherzigkeit dieses Vaters einmal geschmeckt hat, der weiss: «Du lebst nicht mehr unter dem Gesetz. Es gibt keine Verdammnis mehr! Dieser Vater ist dir einfach gnädig! Er hat sich entschlossen, dir gnädig zu sein. Er hat sich entschlossen, dir barmherzig zu sein, grundlos!» Und wenn du das einmal weisst, dann wirst du vielleicht auch einmal barmherzig mit dir und barmherzig mit den Geschwistern. Darum sagt Jesus immer wieder: *«Seid barmherzig, wie auch euer Vater barmherzig ist!» (Luk.6,36)* Wir sollen barmherzig sein, damit wir Söhne und Töchter dieses barmherzigen Vaters werden, der über Böse und Gute seine Sonne scheinen lässt, und der gütig ist über Dankbare und Undankbare und über Böse (Luk. 6,35).

Das Erbarmen Jesu

Im Leben von Jesus, unserem Herrn und Erlöser, ist diese grundlose Barmherzigkeit auf ganz besondere Weise aufgebrochen. Er ging z. B. zu diesem besessenen *Gerasener* (Mark. 5,1–20), der in den Grüften mit Ketten gebunden war. Da hat sich die Barmherzigkeit des Vaters über dieses Menschenleben geneigt, und die Mächte und Kräfte der Zerstörung sind unter dem Hauch dieser Barmherzigkeit ausgefahren. Dabei war die Macht dieser Zerstörung so stark, dass zweitausend Schweine ins Meer gestürzt sind. Dann ging Jesus in diese Hallen am *Teich Bethesda* (Joh. 5,1–9) und fand unter den Hunderten von kranken Menschen diesen einen, der sagte: *«Ich habe keinen Menschen, keinen – und ich bin schon 38 Jahre gelähmt.»* Da neigt sich die abgrundtiefe Barmherzigkeit deines Gottes über diese Einsamkeit, über diese Gott- und Menschenverlassenheit, und sagt: *«Steh auf, hebe dein Bett auf und geh umher!»*

Dann neigt sich diese Barmherzigkeit noch einmal: Jesus am Kreuz, so gepeinigt und gefoltert, dreht unter unendlichen Schmerzen und unter Aufgebot seiner letzten Kraft seinen Kopf zu diesem *Schächer* und sagt ihm: «*Heute wirst du mit mir im Paradiese sein (Luk. 23,43).* Wir werden Arm in Arm in dieser Barmherzigkeit Gottes im Paradies ankommen!»

Gibt es jemand, der sich so verloren fühlt, so der Letzte, dass er nicht wissen sollte: «Gott meint zuerst dich»? Gott ist nicht zu den Gesunden gegangen und zu den Gerechten, sondern zu den verlorenen Schafen Israels, um das zu retten, was verloren ist, was sich auch selber verloren gibt. Er ist gekommen, um diese Kinder wieder auf den Arm zu nehmen, die jetzt noch schreien und stampfen und mit dem Kopf an die Wand schlagen; jene Kinder, die aus ihrem Liebesmangel heraus nachts auf dem Kissen hin und her schlagen, bis ihre Haare weggescheuert sind und sie hinten am Kopf eine entzündete Stelle haben; diese Kinder will er wieder auf seine Arme nehmen, der Gott allen Trostes. Er will auch jetzt das Kind in dir noch einmal trösten und sagen: *«Kind, alles was mein ist, gehört dir.»* Er wird in deinem Leben noch einmal diese Legitimation, diesen Grund legen, wo du weisst: Er hat dich gewollt! Er will deinem Leben noch einmal diesen Stempel aufdrücken: *«Gewollt»!*

Der Jubel des Vaters über dir

Viele von uns sind einfach so durch die Maschen durchgeschlüpft, als Unfall, als Panne, weil's eben sein musste – ohne diesen Stempel «gewollt», ohne dieses «Ja», ohne diesen Jubel eines Vaters. Aber wenn Gott sich in seinem Erbarmen noch einmal auf dich herabneigt, da werden seine Tränen, sein Erbarmen alles noch einmal aufweichen. Mit seiner Liebe wird er diesen Grund noch einmal neu legen. Er wird diesen Grund da legen, wo du dich selber nicht annehmen kannst und dieses Geheimnis deines Lebens immer wieder vor dir herschiebst, weil du es nicht wahrhaben willst, weil diese Wahrheit zu schmerzlich wäre – dass vielleicht ein Vater dich nicht geehrt hat oder betastet hat. Aber dieser Vater des Erbarmens gibt dir eine Legitimation. Er gibt dir diesen Grund, auf dem du stehen und leben kannst. Er gibt dir diesen Jubel eines Vaters: «Mein Sohn, meine Tochter, Ich habe dich heute gezeugt. Ich habe dich gezeugt, du bist nicht gezeugt im Rausch, du bist nicht gezeugt in der Gier. Du bist weder gezeugt aus Manneswillen noch aus Fleischeswillen, in irgendeiner Absicht, einmal Stammhalter zu sein oder ein Geschäft weiterzuführen. Ein Vater des Erbarmens hat dich gezeugt zu seiner Freude, um über dir in Ewigkeit zu sagen: Du bist meine Tochter, meine geliebte Tochter. Ich habe meine Freude an dir. Du bist meine Sohn. Ich bin stolz auf dich. Du bist mein Kind. Empfange alle Würde von mir.»

Gebet

Vater, ich preise dich. Du wirst es schaffen und alles wegnehmen, was Deine Vaterschaft noch verfinstert, verdunkelt; alles, was unsere Herzen noch von dir abschirmt wie mit Beton, wie mit Blei; wo du noch über einem «Betonhimmel» bist als dieser Richter! Ich dank' dir, Vater, dass die Glut deines Erbarmens, der Strom deines Trostes diese bleiernen Himmel, diese Betondecken, diese Götzenthrone einer falschen Vaterschaft, diese Prügelste-

cken eines Zuchtmeisters im Himmel, diese Vaterbilder und Mutterbilder, mit denen wir immer noch in Hass oder in Verehrung verbunden sind und die uns immer noch peinigen oder verführen, wegschwemmen wird; dass du, Vater allen Erbarmens, unsere Hand nimmst und dass wir dir unsere Hand öffnen können; dass wir all' diese zerstörerischen Bilder, Erfahrungen, Schmerzen, Verletzungen zum Kreuz bringen und dann sagen können: «Ich habe nun den Grund gefunden, der meinen Anker ewig hält.» Oh Abgrund der Barmherzigkeit! Hochgelobt, hochgelobt, gesegnet bist du, Gott und Vater unseres Herrn Jesus Christus, du Vater der Barmherzigkeit und Gott allen Trostes.

Ich danke dir, Heiliger Geist, dass du uns in die Nächte hineinbegleitest; dass ein einziger Lichtstrahl deines grundlosen Erbarmens unsere Einsamkeit wie ein Laserstrahl durchbohrt, auch unseren Verstand, unsere Seelen und unsere Leiber – dieser Laserstrahl deines Erbarmens. Wir übergeben dir jetzt unser Leben – Geist, Seele und Leib.

Wir bitten dich, Heiliger Geist, zeige uns Jesus, und zeige uns in Jesus diesen Vater. Zeige uns die Wahrheit des bleiernen Himmels und führe uns zum Kreuz und tröste du jetzt, Gott, wie eine Mutter tröstet. Ich segne euch im Namen dieses Vatergottes, lege auf euch diese Glut seines Erbarmens, dass sie über euch «brüte» und diese neue Schöpfung hervorbringe, und ich lege auf euch diese lebendige Hoffnung, dass er zum Ziel kommt. Amen.

8

Die zarte Vaterliebe

Vom Wesen und Wirken des Heiligen Geistes

Wo immer vom Heiligen Geist die Rede ist, da ist auch von der Liebe Gottes die Rede. Geist und Liebe gehören untrennbar zusammen; denn Gott ist Geist und Gott ist Liebe – und Gott ist unteilbar. Er ist eins. Und weil Geist und Liebe untrennbar zusammengehören, spricht das Neue Testament immer von der Gemeinschaft des Heiligen Geistes, dieser Kraft, die Beziehungen heilt, wieder herstellt, entzündet – sei es in kleinen Zellen oder in grossen Gemeinden oder überhaupt im Leib Jesu oder auch darüber hinaus.

Heiliger Geist und Liebe – untrennbar

Auf einen einzigen Nenner hat Paulus diese Zusammengehörigkeit von Geist und Liebe in dem bekannten Vers von Römer 5,5 gebracht: *«Die Hoffnung aber lässt nicht zuschanden werden, weil die Liebe Gottes ausgegossen ist in unsere Herzen durch den heiligen Geist, der uns gegeben worden ist.»* Auch an andern Stellen, wo im Neuen Testament ausführlich vom Heiligen Geist die Rede ist, wird immer diese Liebe Gottes ganz besonders hervorgehoben, so z.B. im Johannesevangelium in den Kapiteln

14–17. Dort sagt Jesus u. a., dass er sein Leben lassen wird für seine Freunde und dass er hingeht, um den Vater zu verherrlichen in dieser Ganzhingabe für ihn. Dabei spricht er ganz ausführlich vom Heiligen Geist. Und in diesem Zusammenhang sagt er auch das Wort: *«Wenn jemand mich liebt, wird er mein Wort halten, und mein Vater wird ihn lieben, und wir (der Vater und ich) werden zu ihm kommen und Wohnung bei ihm machen.» (14,23)*

Auch die Apostelgeschichte, die uns so bewegend von der Kraft und Fülle und Liebe des Heiligen Geistes erzählt, ist undenkbar ohne diese greifbare Liebe, welche in der sogenannten Urgemeinde geflossen ist, von der es heisst: *«Sie waren ein Herz und eine Seele und hatten alles gemeinsam.» (nach Apg. 4,32)*

Schliesslich seien die berühmten sogenannten «Gabenkapitel» erwähnt, die Kapitel 12 und 14 des 1. Korintherbriefes. Dort zeigt Paulus den ganzen Reichtum dessen, was der Heilige Geist an Geschenken, Berufungen und Gaben zum Aufbau des Einzelnen und der Gemeinde mitbringt, damit die «Brautgemeinde» in dieses strahlende Weiss kommt und geschmückt wird. Diese beiden Kapitel drehen sich in der Angel des berühmten Liebesliedes oder – wie man auch sagt – des «Hohenliedes der Liebe»: 1. Korinther 13. Paulus sagt dort:

«Wenn ich in den Zungen der Menschen und der Engel rede, habe aber die Liebe nicht, so bin ich ein tönendes Erz oder eine klingende Schelle. Und wenn ich die Gabe der Rede aus Eingebung habe und alle Geheimnisse weiss und alle Erkenntnis und wenn ich allen Glauben habe, so dass ich Berge versetze, habe aber die Liebe nicht, so bin ich nichts. Und wenn ich alle meine Habe zur Speisung der Armen austeile, und wenn ich meinen Leib hingebe, damit ich verbrannt werde, habe aber die Liebe nicht, so nützt es mir nichts.» (13,1–3)

Paulus schliesst das Kapitel dann damit, dass er sagt: «Zungenreden» wird aufhören, «Erkenntnis» wird abgetan werden, «Reden aus Eingebung» ist Stückwerk. Aber dann wird einmal das Vollkommene kommen, und alles Stückwerk wird abgetan. *«Nun aber bleibt Glaube, Hoffnung, Liebe, diese drei; am grössten aber unter diesen ist die Liebe.» (V. 13)*

Der Heilige Geist – eine Person

Lieben kann nur eine Person, kein Roboter, keine Briefmarkensammlung – auch nicht ein Computer, selbst wenn wir ihn bis in alle Feinheiten hinein kennen, vielleicht zehn, zwölf, vierzehn Stunden des Tages mit ihm verbringen und er uns möglicherweise vertrauter ist als der Mensch, der uns am vertrautesten sein müsste. Nichts Unpersönliches kann dich lieben; vielleicht in Grenzen ein Tier, aber ein Tier kann deinen Geist nicht lieben. Lieben kann nur eine Person, das wissen wir alle. Und der Heilige Geist ist eine Person. Im Heiligen Geist erleben wir die Fülle der Gottheit, wenn der Vater und der Sohn durch den Heiligen Geist zu uns kommen und in uns Wohnung nehmen (Joh.14,23), und wenn sie unser Leben erfüllen mit diesem Leben, das die Fülle sein wird – ein Wohlgeruch der Liebe des Vaters und des Sohnes, der Freundschaft dieses erstgeborenen grossen Bruders und Heilandes Jesus Christus. Dieser Heilige Geist ist – in Gestalt dieser göttlichen Person – die Liebe des Vaters und des Sohnes, die ausgegossen wird in unser Herz.

Die Zartheit, mit der Gott uns liebt

Wir können die Probe aufs Exempel machen. Liebe hat verschiedene Seiten. Zur Liebe gehört – das ist *das Erste* – die *Zartheit*, Zärtlichkeit, Feinheit, Empfindsamkeit, dieses unnennbare Etwas, dieses zerbrechliche Feine, was in Worten nicht beschrieben werden kann. Und der Heilige Geist ist diese Zartheit. Es gibt keine Menschliebe, keine Frauenliebe, keine Manneslíebe, die diese Zartheit hat, diese Feinheit, dieses Empfindsame, dieses Hingegebene, dieses ganz Zugeneigte wie die Liebe des Heiligen Geistes. Nichts ist diesem Heiligen Geist und seiner Zartheit, Sanftmut und Hingegebenheit vergleichbar.

Schon der Prophet *Elia* hat das erlebt in seiner Angst, dass Gott seine Flucht vor Isebel selbstverständlich mit Erdbeben und herumfliegenden Felsbrocken beantworten werde. Aber Gott war nicht im Erdbeben. Er war auch nicht im Sturm. Diesmal war er für Elia auch nicht im Feuer. Vielmehr kam dann dieses sanfte stille Säuseln, dieses Wehen, dieses Liebkosen eines Abendwindes, eines Frühlingswindes, der uns küsst, der uns umspielt, der uns streichelt, der uns wohltut und wo wir unser Gesicht in diesen Wind halten – dieses unendlich Zarte, dieses Feine, nicht Vereinnahmende, dieses zutiefst Wohltuende, unbeschreiblich Schöne. Und als Elia dieses Säuseln hörte, verhüllte er sein Antlitz (1. Kön. 19,13). Er wusste, das ist der Herr. Wenn wir etwas von dieser Sanftheit, von dieser Zartheit des Heiligen Geistes wissen wollen, dann müssen wir das Hohelied Salomos lesen. Alle, die diese ausgegossene Liebe des Vaters und des Sohnes durch den Heiligen Geist gekostet haben, die wissen etwas von diesem Trunkensein, von diesem innersten Angerührtsein, von diesem Überwältigtsein von einer solchen Liebe.

Paulus hat diese Liebe in einem Masse erfahren wie wahrscheinlich wenige unter uns. Er durfte einmal bis zum dritten Himmel hineinsehen. Das war so unnennbar schön, so unsagbar schön, dass Gott dem Paulus einen *«Dorn für das Fleisch» (2.Kor. 12,7)* geben musste, damit er sich dieser Offenbarung nicht überhebe. Es gibt Menschen, die diesen Kuss des Vaters empfangen, diese Zartheit, diesen Schmelz von Gnade, den Gott schon in die Schöpfung hineingegossen hat, über die wir so achtlos hinweggegangen sind.

Der Wohlgeruch der Liebe Gottes in uns

Ich habe auf Sardinien diese Zartheit Gottes in der Gestalt einer Blume noch einmal erlebt. Wir waren an den Dünen zum Zelten, und diese Dünen waren übersät von wundervollen *weissen Lilien,* die aus dem Sand herauswuchsen! Kelche in einer Vollkommenheit! Mit sechs Sternen, und innen ein Kranz mit zwölf Sternen und sechs Blütenstempeln! Wenn man sich zu diesem Kelch, der aus dem Sand herauskommt, neigte, war da ein Duft von einer unbeschreiblichen Zartheit wie Zimt. Ich kenne das nur noch vom Seidelbast, der in unseren Ländern blüht ohne jedes Blatt, schon im Januar, manchmal im Februar, wenn die Sonne zum ersten Mal durchbricht. Dann verbreitet dieser Seidelbast auf dem gefrorenen Boden, wo noch Schnee liegt, diesen betörenden Duft, diese Sanftheit eines Duftes, etwas, was schmeichelt! Das ist das Werben der Liebe Gottes um uns Menschen.

Und vielleicht verstehen wir, warum Paulus vom *«Wohlgeruch des Lebens» (nach 2. Kor. 2,15–16)* spricht, der in den Jüngerinnen und Jüngern ist. Ist nicht der Heilige Geist, der ausgegossen ist in unsere Herzen, oft wie ein Knollen, der herauswächst aus diesen Dünen von Sand und Unfruchtbarkeit, die noch in unserem Leben sind? Und entfaltet er nicht in uns diese Kostbarkeit Gottes, diesen Wohlgeruch? Dieses unendlich Feine, was von Frauen, von Männern, von Kindern, von Jugendlichen ausgeht, in die der Heilige Geist – inmitten von allem, was noch nicht urbar geworden ist – von diesem Vater eingepflanzt wurde?

Ist dir dieser Wohlgeruch der Liebe Gottes schon in Menschen begegnet? Ist das nicht ein Vorrecht, dass wir in diesem Volk Gottes zusammen sein können, das wir immer wieder neu entdecken? Da bist du vielleicht mit einer Frau zusammen, die nicht wagt, dich mit Vornamen anzureden. Aber plötzlich spürst du diesen Wohlgeruch dieser Frau, diesen Wohlgeruch der Liebe Gottes. Sie ist eine von vielen; aber inmitten aller Anonymität, wie sie vielleicht denkt, ist diese Liebe des Vaters und des Sohnes ausgegossen in ihr Herz und verströmt diesen Duft. Vielleicht müssen Christen darum auch in aller Freude immer wieder weinen: Wenn wir das realisieren, wie Gott uns liebt – wie hingegeben, wie zart, wie fein, wie sensibel. Es überwältigt einen immer wieder. Es überwältigt auch mich immer wieder im Lobpreis, dass ich weinen muss, weil mich diese Zartheit dieser Liebe überwältigt – dass Gott so ist!

«Verrückte» Liebe

Aber – und das ist *das Zweite* – wirkliche und echte Liebe ist ja nicht nur zart, sondern ist auch *kraftvoll.* Sie kann sogar *verrückt* sein, macht manchmal die unmöglichsten Dinge – wenigstens, wenn man noch verliebt ist, wenn das Feuer noch brennt. Und manchmal geht es so wie mit dem Einfahren in diesen berühmt-berüchtigten «Ehehafen»; dann geht alles unter in Bürgerlichkeit und in Gesittetheit, und das Abenteuer erlischt. Dann ist die Liebe nicht mehr verrückt – der Mann mit der Zeitung, abgespannt, vor dem Fernseher, der sich gehen lässt und am liebsten einfach zuhause sein Leibgericht isst, damit er schnellstmöglich wieder zurückkann zu seinem Sich-Gehenlassen. Das ist nicht mehr abenteuerlich!

Wissen wir, wie Männer und Frauen sich danach sehnen, dass der andere wieder einmal verrückt ist? Ich habe einen Freund, der ist mir da ein grosses Vorbild. Als er seine goldene Hochzeit feierte, hat er nochmals seinen Hochzeitsanzug angelegt. Der Schneider musste zwar die Nähte auslassen und die Knöpfe versetzen und alles nähen, was man so als gewiefter Schneider macht. Aber es musste eben doch die Hochzeitsschale sein! Und die Frau noch einmal im Hochzeitskleid und in der Kutsche! Und die Glocken haben noch einmal geläutet! Die «bemoosten» Häupter, mit Hörapparat und allem drum und dran, haben noch einmal etwas Verrücktes gemacht! Und wir müssen begreifen: Weil Gott die Liebe ist, tut er so viel Verrücktes!

Waren viele Dinge, die wir im Alten Testament lesen, in der Geschichte der Juden, nicht immer wieder Verrücktheiten? Denken wir daran, was Gott mit den *Propheten* gemacht hat – z. B. mit Ezechiel, der in der Verbannung in seinem Pfarrhaus sass und nicht durch die Türe rausgehen durfte, sondern in seinem Studierzimmer ein Loch schlagen und aus diesem Loch heraussteigen musste. Oder dass ein angesehener Priester wie Jesaja, ein hochgebildeter, sensibler Mann, der seinen Gott kannte und liebte, nackt durch die Strassen seiner Stadt gehen musste! Oder dass ein Hosea eine Dirne heiraten und mit dieser Dirne Kinder zeugen musste, um etwas zu spüren von diesem Schmerz Gottes, verheiratet zu sein mit einem Volk, das fremdgeht; diesem Schmerz, unter einem Dach des Tempels zusammen zu leben mit einem ehebrecherischen Volk; diesen Schmerz aushalten zu müssen, dass sie wohl am Sonntag kommen, aber nachher wieder auf den Strich zu ihren Baalen und Götzen des Alltags gehen.

Aber die gewaltigste Verrücktheit eines Gottes, denke ich, war es, Mensch zu werden – *Mensch zu werden wie du und ich.* Diese Verrücktheit einer Liebe, die Gottheit abzulegen, sich zu entleeren und sich in die Hände der Menschen auszuliefern, welche dieser Gott mit dieser verrückten, unwahrscheinlichen Liebe immer wieder sucht, nach denen Er sich sehnt. Liebe ist voller Kraft. Liebe ist *«stark wie der Tod» (H.L. 8,6)*, wie Salomo sagt. Liebe tut ungewöhnliche Dinge, die sich nicht einordnen lassen. Der Heilige Geist ist diese Kraft aus der Höhe, diese Kraft der Liebe Gottes. Er ist diese Liebe, die auch immer wieder Dinge tut, die wir nicht einordnen können. Dieses Verrückte, dieses Abenteuerliche, wo wir uns auf einen Weg begeben und nicht wissen, wo dieser Weg hinführt. Dieser Geist, dieser abenteuerliche Geist einer starken Liebe, die uns auch ergreifen kann; einer Liebe, die uns umwerfen kann in dieser stürmischen Umarmung; einer Liebe, die uns auch überwältigt und freisetzt zu einem Mut, zu einem Freimut, den wir uns nie zutrauen könnten. Auch das gehört zum Heiligen Geist.

Verletzliche Liebe

Und *das Dritte:* Liebe ist nur Liebe, wenn sie *verletzlich* ist. Liebe, die einen Selbstschutz hat, um nicht verletzt zu werden, kann sich nicht lieben lassen und kann nicht wirklich lieben. Gott ist ein verletzbarer Gott, ein verletzlicher Gott. Gott hat sich verletzbar gemacht, indem er sich mit diesem Volk verbunden hat, das er mit starker Hand aus Ägyptenland herausgeführt hat – für alle Zeiten verbunden mit diesem Volk. Gott hat sich verletzbar gemacht in diesem Jesus von Nazareth, der geweint hat über die

Städte, über die Menschen, dessen Herz brach in Erbarmen über das Volk ohne Hirten, der alle zu sich liess, der zornig wurde über soviel Härte der Herzen und des Unglaubens und der sich in die Hände der Menschen auslieferte. *«König der Juden»* – ohnmächtig, ohne Macht, nur die Macht der Liebe. *«Vater, vergib ihnen; denn sie wissen nicht, was sie tun!» (Luk. 23,34)* Liebe ist verletzlich, und *das Verletzlichste an Gott ist der Heilige Geist.* Hier hat sich Gott absolut am verletzlichsten gemacht – ausgegossen in dein und in mein Herz, in all' das hinein, was da noch hart ist, was immer noch rebelliert gegen Gott, in all' das hinein, was wieder zurückschlägt, in all' das hinein, was schreit, was wieder mit Füssen tritt. Der Heilige Geist in uns – das ist vergleichbar mit einem Kind, welches eine Mutter unter ihrem Herzen trägt. Ich glaube, es gibt nichts Verletzlicheres als ein ungeborenes Kind im Leib einer Mutter. Dieses Kind ist auf Gedeih und Verderben dieser Mutter ausgeliefert. Alles, was sie denkt, alles, was sie fühlt, jede Ablehnung, jede Angst, alles wird diesem Kind übermittelt. Man kann auch Hand an dieses Kind legen, in Anonymität, Illegalität – der «Bauch den Müttern». Und so verletzlich hat sich Gott gemacht im Heiligen Geist, dass er in dir wohnt, alles mitleidet, mitfühlt,– alles, was sich in dir tut, bewegt, alles.

Du kannst den Heiligen Geist betrüben, du kannst ihn dämpfen; aber wenn du nicht von Jesus weggehst, wird dieser Heilige Geist bleiben. Und verstehen wir jetzt, warum Jesus gesagt hat: *«Jede Lästerung wider den Menschensohn wird dem Menschen vergeben werden, aber die Sünde wider den Heiligen Geist wird nicht vergeben werden?» (Luk.12,10)* Das heisst: Dieses willentliche Abtreiben der Liebe Gottes, dieses willentliche Mit-Füssen-Treten, Kaputtmachen, Zerstören der Liebe Gottes in uns, das muss ein grenzenloser Schmerz für Gott sein. Und können wir empfinden, was für ein Vorrecht es ist, dass dieser Vater und der Sohn durch den Heiligen Geist kommen und in uns Wohnung nehmen?

Jetzt wird auch klar: Es gibt nur *einen* Geist. Paulus sagt im Epheserbrief: *«Ein Leib und ein Geist...» (4,4)* Es gibt nicht einen Geist für charismatische Kreise und für Pfingstler und einen anderen Geist für Evangelikale, und wieder eine anderen Geist für die Landeskirche, zugeschnitten auf die Traditionen, Gottesdienstformen und Liturgien, die in dieser Kirche so einmal existieren. Es gibt nur *einen* Geist, weil es nur *einen* Gott gibt, *einen* Vater, *einen* Herrn Jesus; und weil die Liebe Gottes unteilbar ist. Wenn du Mutter bist, ist dein tiefstes Sehnen, dein ganzes Herz allen Kindern zu schenken! Und das tiefste Sehnen Gottes ist es, alle mit derselben Liebe zu lieben – alle!

Dabei habe ich jetzt noch gar nicht von den Gaben des Heiligen Geistes gesprochen, z. B. von der Prophetie oder vom Sprachengebet oder vom «Singen im Geist». Ich habe darum nicht davon gesprochen, weil es zuerst und vor allem nicht um die Gaben geht, sondern um die Person des Heiligen Geistes. Es geht um diese Liebe Gottes durch den Heiligen Geist. Diese Liebe brauchen wir alle. Wir sehnen uns nach dieser Liebe, weil wir zum Ebenbild Gottes geschaffen sind und kein Mensch deine Liebe stillen kann. Kein Mensch kann deinen Geist stillen – keine Frau, kein Mann, keine Kinder, nichts, nichts, nichts. Wir sind zum Ebenbild Gottes geschaffen; und dieses tiefste Sehnen nach Liebe in uns kann nur Gott stillen, nur Gott. Wenn der Heilige Geist kommt, dann wird etwas in uns gestillt, und am Schluss sind wir gesättigt und können nun Beziehungen leben – vorher nicht oder nur mangelhaft.

«Gestillt» vom Heiligen Geist

Ich war lange Zeit im Dienst der Kirche, und ich bin von Herzen gern Pfarrer gewesen. Aber es ist so schwer, Menschen lieben zu müssen, wenn man nicht selber innerlich «gestillt» ist. Da wird das Pfarramt zu einem erdrückenden Joch, zu einer Last, die Leben zerstört. Das kann kein Mensch tragen. Aber ich weiss noch: Die Wende in meinem Leben kam, als ich meine Hände und mein Herz für diese Liebe des Vaters geöffnet habe, als ich gesagt habe: *Willkommen, Heiliger Geist, in meinem Leben!* Da wurde ein Schalter umgelegt, und Gott hat angefangen, mich zu stillen und mich satt zu machen. So wie es Jesus gesagt hat: *«Wer von meinem Brot isst, wird nicht mehr hungern in Ewigkeit (er meint das Liebesbrot Seines Herzens). Und wer von meinem Wasser trinkt (er meint das Wasser dieser überreichen und überfliessenden Liebe), der wird in Ewigkeit nicht mehr dürsten.» (nach Joh. 6,35)* Wer von diesem Liebesbrot und von diesem Liebeswasser gegessen und getrunken hat, dessen Leben wird leicht. Du bekommst ein anderes spezifisches Gewicht. Du kannst wieder leben, du bist freigesetzt zum Leben.

Von da an war das Pfarramt für mich nicht mehr diese erdrückende Last, dieser ständige Berg, den ich vor mir herschob, diese Bedrohung, ständig zu versagen, in die Knie gezwungen zu werden, meinen Talar an den Nagel hängen zu müssen und Flucht zu begehen, bis hin zu Selbstmordgedanken. Von da an war das Pfarramt lebbar, ja der Dienst wurde wieder eine Freude, sogar eine Lust. Es hat wieder Spass gemacht.

Und was war das für ein Aufatmen für die Ehe! Wenn nicht zuerst die Gemeinde kommt und dann wieder die Gemeinde und dann noch einmal die Gemeinde und dann die Konfirmanden und dann der Kirchenvorstand und dann die lieben Gebetsfrauen und dann die Korrespondenz und dann und dann und dann... Dann bin ich selbst am sogenannten «Ehe-Abend», auf dessen Idee mich ein Seelsorger gebracht hat, so erschöpft, dass wir zusammensitzen und in mir nur noch ein Gedanke ist: müde, schlafen, so schnell wie möglich! Aber der Heilige Geist wird das Leben wieder attraktiv machen, und dann steht an erster Stelle wieder deine Ehe, nach den Ordnungen Gottes! Und danach – in Friede, Freude und Gerechtigkeit – kommt dann auch die Gemeinde.

Es gibt nur etwas, wo der Heilige Geist sich zurückzieht, wo er gedämpft wird: Das ist da, wo wir stolz sind und ungehorsam. Der Heiliger Geist verträgt sich nie mit Stolz und nie mit Ungehorsam! Der Heilige Geist ist der Geist der Liebe Gottes; und Liebe heisst, sich ganz hinzugeben. Der Heilige Geist wird immer bewirken, dass du dich ganz hingibst, mit ganzem Herzen, mit ganzer Seele, mit all' deinen Kräften; und dass du immer wieder wie ein Kind fragst: «Herr, und was jetzt noch? Da bin ich, dein Kind, mach weiter; ich möchte noch ganz gefüllt sein, ganz gestillt, ganz abgesättigt; ich möchte in dieser Liebe brennen.»

Durch unsere ganze Geschichte des christlichen Abendlandes haben wir unsere ganz speziellen Prägungen, durch welche wir dem Heiligen Geist wenig Raum gegeben haben, wo wir ihm immer wieder Grenzen gesetzt haben, wo wir ihn ausgesperrt haben, wo er in unseren Kirchen nur nach Vorschrift arbeiten durfte, wo wir ihn an die Kandare nahmen und wo wir ihn zähmten bis zur liturgischen Formel. Daher dürfen wir uns nicht wundern, wenn es oft ein Anmarschweg ist, bis unser Geist, unsere Seele und unser Leib diese Erfüllung mit dem Heiligen Geist ganz annehmen können. Unsere Herzen sind oft wie eine Kampfbahn mit vielen, vielen Hindernissen. Es gibt auch viele Ängste, so dass es oft eine Zeit braucht, bis der Heilige Geist ganz in der Mitte unseres Wesens ankommen kann und wir ganz in dieses Kindsein hineinkommen. Aber der Heilige Geist ist bereit! Diese Liebe Gottes überwindet alles.

Aber auf jedes Zeichen, das wir setzen – vielleicht auch einfach einmal, dass wir die Hände zum Gebet erheben oder uns zum Gebet hinknien –, wird Gott wieder antworten. Gott sagt: «Wenn ihr euren Kindern gute Gaben zu geben wisst, wieviel mehr werde ich euch den Heiligen Geist geben (Luk.11,13). Ich will euch doch umfangen und lieben in dieser Zartheit und in dieser Kraft; und ich will in dir diese Fülle des Lebens entfachen.»

Gebet

Vater, zuerst bitten wir dich aus tiefstem Herzen um Vergebung, wo wir dich nicht verstanden haben – deine Liebe, dein Herz, deine Sehnsucht, deine Leidenschaft für uns, deinen Schmerz, dass du bei uns sein und in uns wohnen willst, um uns lieben zu können; gerade dort, wo dieser glimmende Docht ist und das geknickte Rohr, in diesen Tiefen, wo es noch schreit, in diesen Tie-

fen, wo noch die Verliesse unserer Erinnerungen sind, in diesen Tiefen, wo noch Dunkel ist, Entsetzen, Panik, Ängste; wo wir immer wieder nicht verstanden haben, wie sehr du uns liebst; wo wir zwar begriffen haben, dass Jesus für unsere Sünden gestorben ist, aber wo wir nicht verstanden haben, dass es deine Absicht war, mitten in all' diesem Wust und Unfertigen und Unvollkommenen zu wohnen – uns zu lieben, wohl zu tun, aufzubauen.

Vater, ganz besonders bitten wir von ganzem Herzen um Vergebung, dass wir immer wieder nicht verstanden haben, was es ist mit diesem Heiligen Geist; dass du, Vater, dieses Innerste deines Herzens, deinen Geist, deinem Sohn mit den Wundmalen als dem Erhöhten gegeben hast als Lohn für sein Leiden, damit er diesen Geist ausgiessen kann auf alles Fleisch, über Söhne und Töchter, Kinder und Jugendliche; Vater, dass wir diese Freude nicht verstanden haben – diesen Jubel im Himmel, dass du das Innerste Deines Herzens in diese durchbohrten Hände Deines Sohnes gelegt hast, die Gabe deines Herzens, damit er sie austeilt, damit wir wieder Würde haben.

Wir bitten auch dich, Jesus, um Vergebung, dich, den Täufer im Heiligen Geist. Wir haben es nicht verstanden, dass du gesagt hast: Es ist gut, dass ich weggehe, weil ich dann nachher – wenn ich dieses Innerste des Herzens meines Vaters und eures Vaters empfangen habe – in euren Herzen für immer wohnen kann, bis ans Ende der Welt, bis wir uns sehen von Angesicht zu Angesicht; dann kann ich immer bei dir sein und nichts wird dich mehr aus meiner Hand reissen können, weil ich in dir lebe, weil ich dich von innen heraus liebe, schön und stark mache; weil ich dir von innen heraus diesen Wohlgeruch dieser göttlichen Liebe gebe; weil ich in alles, was an dir noch so grob ist – so jähzornig, so ungeschlacht', so gefühllos, so hart, so eckig, so aufbrausend –, meine Sanftmut und Zartheit hineinbringe; weil ich in all' das in dir, was sich noch so elend fühlt – so unmännlich, so schwach –, mit meinem Odem und meinem Feuer hineinkomme; weil ich in dich hineinkomme mit der Kraft dieser Liebe.

Vater, wir tun von ganzem Herzen Busse, wo wir Vorbehalte hatten gegenüber dieser kostbaren Gabe des Heiligen Geistes;

wo wir dich nicht erkannt haben hinter all' diesen Masken von dem, was Menschen und Theologie aus dem Heiligen Geist gemacht haben, auch hinter all' diesem Hochmut, wo Menschen den Heiligen Geist wie einen Raub genommen haben.

Vater, nimm unsere Bitte um Vergebung an. Wir bitten dich, wasch uns rein von all diesen falschen, lügenhaften Vorstellungen; wasch uns rein von diesen Ängsten; wasch uns rein von diesen Verletzungen, die wir durch Menschen haben, die den Heiligen Geist wie einen Raub festgehalten haben; wasch uns rein mit deinem Blut, wo wir dich bedrückt und gewürgt haben, wo wir diese Liebe zurückgestossen haben, wo wir ihr Grenzen gesetzt haben oder wo wir nur die Stärke und Kraft suchten und nicht auch dieses Zarte und Feine und Sanftmütige und Demütige. Wir bitten herzlich um Vergebung.

Wir bitten auch um Vergebung, wo in unseren Nationen und Kirchen dieses Aussperren geschehen ist, dieses Verkürzen und Eingrenzen deiner überfliessenden Liebe, wo wir Menschen verhungern und verdursten liessen und selber Verhungernde und Verdurstende waren, die ein verkürztes Evangelium weitergegeben haben.

Und Vater, du bist so zart und fein, dass du immer noch einmal fragst: Meinst du's wirklich? Darf ich wirklich kommen wie ich bin, mit meiner ganzen Liebe? Darf ich dich lieben mit der Liebe des Schöpfers, der Himmel und Erde geschaffen hat? Darf ich dich lieben mit dieser kraftvollen Liebe Jesu Christi, der sich hingegeben hat? Darf ich dich auch lieben mit dieser Zartheit und Sanftheit der Taube? Und mit einer Liebe, die ist wie der Tau, der auf dein Wesen und dein Innerstes fällt – darf ich das?

Heiliger Geist, der du diese Liebe Gottes bist, die du ausgiessest in unsere Herzen, jetzt bitten wir, jetzt schreien wir wie Kinder: Komm, du Liebe des Vaters und des Sohnes, komm, nimm Wohnung in uns!

Vater, wir sagen dir Dank, dass du unsere Herzen berührt hast, dass wir von dir die Schlüssel bekommen haben – zum Leben, zu Beziehungen, zu Vollmacht, zu Heilung; dass wir aus deiner Hand wieder neu dieses Kleid der Gerechtigkeit Gottes emp-

fangen durften; dass du uns in die Arme genommen hast und uns diesen Vaterkuss gegeben hast.

Ich preise dich darüber, Heiliger Geist, was du noch schenken wirst: dass wir trinken werden aus dem Lebenswasser, dass wir satt werden an diesem Liebesbrot des Vaters, und dass wir uns als Söhne und Töchter und Erben im Vaterhaus an den Tisch setzen werden, um dann als Bevollmächtigte hinauszugehen, ein- und auszugehen in der Freiheit der Söhne und Töchter Gottes.

Amen

9

In der Erziehung des Vaters

Im Feuer geläutert

«Ihr habt noch nicht bis aufs Blut widerstanden im Kampf wider die Sünde und habt den Zuspruch vergessen, der zu euch wie zu Söhnen (und zu Töchtern) redet: ‹Mein Sohn (meine Tochter), achte die Züchtigung (die Erziehung) des Herrn nicht gering und verzage nicht, wenn du von ihm gestraft (erzogen) wirst; denn wen der Herr liebhat, den züchtigt (erzieht) er, er geisselt aber jeden Sohn, den er annimmt.›

Wenn ihr Züchtigung (diese Erziehung) erduldet, begegnet euch Gott wie Söhnen (wie Töchtern); denn wo ist ein Sohn, den der Vater nicht züchtigt (erzieht)? Seid ihr aber ohne Züchtigung (Erziehung), deren alle teilhaftig geworden sind, so seid ihr ja unechte Kinder und nicht Söhne (oder Töchter). Ferner hatten wir unsere leiblichen Väter zu Züchtigern und erwiesen ihnen ehrfurchtsvolle Scheu; sollten wir uns nicht viel mehr dem Vater der Geister unterwerfen und dadurch leben? Denn sie züchtigen (erziehen) uns für wenige Tage nach ihrem Gutdünken, er aber zu unsrem Besten, damit wir seiner Heiligkeit teilhaftig werden. Jede Züchtigung aber scheint zwar für die Gegenwart nicht zur Freude zu dienen, sondern zur Traurigkeit; nachher aber verleiht sie denen, die durch sie geübt sind, eine friedvolle Frucht der Gerechtigkeit.» (nach Heb. 12, 4–11)

Mit dem Thema der Vaterschaft sind wir bereits in den *Raum des Reiches Gottes* hineingetreten. Denn es ist die Freude, das Wohlgefallen des Vaters, seinen Söhnen und Töchtern sein Reich zu geben. Das ist sein Stolz, sein Ehrgeiz, seine Leidenschaft! Er sagt durch die Worte Jesu: *«Alles, was mein ist, ist dein.» (Luk. 15,31)* Er hat uns dazu bestimmt, dass wir nicht nur Söhne und Töchter, sondern auch *Erben* sein sollen. Er will uns mit hineinnehmen. Dazu hat er sich entschieden, obwohl er Gott ist und keine Hilfe und keine Ratgeber braucht. Aber er will uns mit hineinnehmen in seine Pläne, seine Absichten, seinen Willen und in diesen Schöpfungsakt, der ihn tagtäglich beschäftigt. Dazu stösst Jesus uns eine Tür der Verheissung auf: «Ich bin vor meinem Vater, und ihr könnt in meinem Namen bitten. Ich stehe Aug in Auge mit meinem Vater, mit meinen Wundmalen, und euer Gebet wird das Herz des Vaters erreichen, weil ich vor dem Vater stehe.»

Unsere Sohn- und Tochterschaft: Widerspiegelung der Grösse Gottes

Jesus sagt im Johannesevangelium: *«Mein Vater ist grösser als alles.» (10,29; Luther)* Und weil der Vater grösser ist als alles, wird auch unsere Sohn- und Tochterschaft etwas von der Grösse dieses Vaters aussagen und davon Zeugnis geben. Wenn wir beten, dann beten wir immer als Menschen, die von einem grossen Vater her denken, fühlen, empfinden und unsere Wege so angehen. David hat im Kampf gegen Goliath nicht einfach seine Stossgebete zu Gott gerichtet und gesagt: «Gott hilf!», sondern David ist diesem Riesen, diesem Monster, entgegengelaufen und hat gesagt: *«Ich komme zu dir mit dem Namen des Herrn der Heerscharen, des Gottes der Schlachtreihen Israels, die du verhöhnt hast; und ich werde heute deinen Leichnam den Vögeln des Himmels geben.» (nach 1.Sam. 17,45+46)* Als die ersten Christen miteinander gebetet haben, während die Apostel durch die Verfolgung hindurchgingen, haben sie zuerst den Gott angerufen, der Himmel und Erde geschaffen hat, der die Erde und das Meer füllt mit seiner Herrlichkeit. Wir haben keinen Gott für Gebrauchszwecke, dessen Hilfe gerade mal so reicht, dass wir überleben und unseren Kopf wieder aus der Schlinge ziehen. Unser Gott ist der Schöpfer des Himmels und der Erde, der «Vater aller Vaterschaft» und Gott aller Geschlechter! Ein Gott, der die Nationen und ethnischen Gruppen geschaffen hat! Ein Gott, der immer Neues schafft, und wo die Wissenschafter nie an das Ende kommen, das zu erforschen, was Gott in seiner unendlichen Grösse und Weisheit ins Dasein gerufen hat. Das ist unser Gott, das ist unser Vater!

Je mehr wir in unsere Sohn- und Tochterschaft hineinwachsen, desto mehr begreifen wir, wer dieser Vater überhaupt ist; und desto mehr werden wir verstehen, was Paulus sagt: *«Wandelt würdig!» (Phil. 1,27; Luther)* Wir als Söhne und Töchter repräsentieren Gott! Wir repräsentieren keine Konfession oder Kirche! Wir gehen nicht auf die Strasse, um für eine Kirche, einen Verein oder eine Gruppe Propaganda zu machen, sondern wir sind *Repräsentanten des gewaltigen Gottes,* der Himmel und Erde geschaffen hat. Das ist ein Unterschied! Du repräsentierst Gott und trägst seinen Namen! Es heisst in der Offenbarung, im Sendschreiben an Philadelphia, dass die Zeit kommen wird, wo Jesus dir einen neuen Namen geben wird: *«Du wirst eine Säule sein, auf die ich den Namen des Vaters und den Namen der neuen Stadt, die vom Himmel herabkommen wird, und meinen neuen Namen schreiben werde.» (nach Off. 3,12)*

Wir sind *Diplomaten im Dienste Gottes*! Ich denke da z. B. an Mahesh Chavda, einen Inder, der aus Afrika stammt und jetzt in den USA lebt. Er hat zusammen mit seiner Frau Bonnie einen gewaltigen Heilungsdienst. Sie sind «Watchmen» (Gebets-Wächter) und stehen jeden Freitag in einer Nacht des Wachens und Betens «auf der Mauer» für ihren Gott, wo immer sie sind. Durch Mahesh sind Totenauferweckungen geschehen. Man muss diesen Mann einmal gesehen haben! Mahesh ist ein Diplomat Gottes. Er kommt immer im Zweireiher mit Krawatte, weil er weiss, dass er im diplomatischen Dienst und im diplomatischen Chor des gewaltigen Gottes ist, der Himmel und Erde geschaffen hat. Wenn grosse Firmen und Versicherungen von ihren Angestellten verlangen, dass sie in Krawatte auftreten – wieviel mehr an Würde ist uns gegeben, die wir unseren Gott repräsentieren! Nicht durch Krawatten, aber durch unsere Haltung, durch das, was wir sind und darstellen, nämlich das, was Gott in uns ist und wie er uns verändert.

Juden und Christen: eine alternative Gesellschaft

Als Christen bilden wir eine alternative Gesellschaft. Gott hat klar zu seinem erstgeborenen Volk gesprochen (und dies gilt zugleich prophetisch für das gesamte künftige Volk Gottes aus Juden und Heiden): *«Ihr sollt heilig sein, denn ich bin heilig.» (3. Mose 11,45)*

Das ist das tiefe Ärgernis, weshalb die Juden bis heute verfolgt werden und weshalb der Antisemitismus immer wieder aufflackert: weil diese Menschen anders sind als die anderen. Hitler hat das zutiefst gespürt: Da sind Menschen, die anders sind, die wir nicht unter unseren Daumen kriegen. Die zahlen ihre Steuern, die machen ihren Wehrdienst, die leisten fabelhafte Arbeit in Wissenschaft, im Beruf, in Geldgeschäften. Aber letztlich kannst du dir die Juden nicht gefügig machen. Hier hat Gott etwas geschieden: In ihnen lebt etwas, das anders ist. Deshalb war Hitler davon überzeugt, dass diese Rasse ausgerottet werden muss. Er brauchte eine Rasse, die man befehligen kann, über die man Herr ist.

Wir Christen gehören zu einem Volk, das nicht mehr unter den Daumen zu kriegen ist, das seine Knie nicht mehr vor den Machthabern beugt, sondern vor Jesus Christus ganz allein. In Nordkorea steht eine 30–40 Meter hohe Statue des letzten Machthabers. Inzwischen ist es Sitte, dass sich die Leute dort vor diesem Bild verneigen und ihre Blumen niederlegen. Mir ist ein junges Ehepaar begegnet, das auch vor dieser Statue gestanden ist, aber gesagt hat: «Wir verbeugen uns nicht. Wir gehören zu einem Volk, das sich nicht mehr verbeugt, das keine Kompromisse mehr eingeht.»

«Ecclesia» (=Kirche) meint: die Gemeinschaft der *Herausgerufenen!* Man erkennt die Christen: Sie tauchen nicht irgendwo unter und sind nur sekundär noch Bestandteil dieser Gesellschaft. Sie sind vielmehr auf die Weise Bestandteil, indem sie der Gesellschaft dienen und jeden höher achten als sich selber – auch den Sünder, nicht nur den Wiedergeborenen. Aber sie unterscheiden sich ganz entscheidend von der Gesellschaft, weil Gott sie herausgerufen und neu zu seinem Ebenbild gestaltet hat; und weil wir Christus in uns tragen und er in uns Gestalt gewinnt.

Nicht «in», sondern «anders»

Jesus sagt: *«Wenn die Welt euch hasst, so erkennet, dass sie mich zuerst, vor euch, gehasst hat.» (Joh.15,18)* Wenn du anders bist als die anderen, bist du nicht mehr «in». Das oberste Ziel in dieser Welt ist es immer, «in» zu sein, damit du nicht anders, sondern gleichförmig bist und aus dieser Gleichförmigkeit heraus deine Karriere bauen kannst. Als Christ bist du nicht mehr «in», sondern bist du anders! Jesus war anders; auch anders, als sich ihn die Frommen vorgestellt hatten. Darum haben sie ihn gekreuzigt. Er hat sich ein Volk herausgerufen in die Freiheit der Söhne und Töchter Gottes.

Diese Freiheit ist nicht eine Freizügigkeit für Unmoral oder dafür, dass wir unsere Verantwortung der Gesellschaft und unserem Staat gegenüber nicht mehr wahrnehmen. Im Gegenteil! Wenn jemand loyal ist und dient, so weit er kann, dann sind es die Christen. Aber wir sind anders, und darum werden wir immer wieder auf Granit stossen und gehasst werden. Hier kämpfen die Reiche von Licht und Finsternis miteinander. Das Reich Gottes wurde durch Jesus angekündigt: *«Das Reich Gottes ist genaht! Kehrt um! Tut Busse!» (nach Mark.1,15)* Das Reich Gottes wächst durch alles hindurch, und es wächst heute auch in den Nationen und ist nicht mehr aufzuhalten.

Denken wir z. B. an China. In China wachsen die Kirchen, vor allem die Untergrundkirchen, aber auch die offiziellen eingeschriebenen Kirchen. Das wächst einfach, und Millionen von Menschen kommen zum Glauben. Menschen bereiten sich darauf vor, nach Tibet hineinzugehen. Durch wahre Jüngerinnen und Jünger wird die Sprengkraft der Revolution des Reiches Gottes in die Völker und in die Systeme hineingesät. Wir dürfen auch nicht meinen, dass der Kommunismus einfach so zusammengefallen ist. Das war die Sprengkraft des Reiches Gottes – Frauen und Männer, die ein lebendiges Opfer gebracht haben für Gott. Auf diesem Opfer der Hingabe seiner Söhne und Töchter hat Gott sein Reich aufgebaut und das andere in die Luft gehen lassen.

Söhne und Töchter werden erzogen

Das Reich Gottes ist gesät und ist unerschütterlich da, wo Söhne und Töchter sind, die ihren Gott repräsentieren. Es geht jetzt darum, dass Gott die Freiheit hat, uns – die kleinen Kinder, die er in die Luft schwingt, hält, bedeckt, mit uns spielt, uns die Sünden vergibt, masslos seine Gnade über uns ausschüttet – auch zu erziehen, damit wir Söhne und Töchter werden. Erziehung ist Erziehung, da wird gezogen! Wir sollen Gott repräsentieren und darstellen. Gott hat seine Wege, uns zu erziehen.

Es ist ein *grosses Vorrecht, dass uns der Heilige Geist von den Sünden überführt,* damit wir in ein neues Bewusstsein von Heiligkeit hineinkommen. Da geht es nicht nur darum, einmal eine Lebensbeichte abzulegen und den gröbsten Dreck zu deponieren. Dann kann man ja weitergehen, weil man denkt: «Jetzt hab ich's hinter mir!» Wir haben überhaupt noch keine Ahnung, was Sünde ist! David hat das einmal tief erfahren und gesagt: *«An dir allein habe ich gesündigt, Gott! Noch vor allen Menschen, die ich durch meine Sünde verletzt habe.» (nach Ps. 51,6)*

Die Sünde hassen

Die erste Verletzung ist also Gott zugefügt worden. Wenn uns einmal bewusst wird, was wir diesem Gott zufügen, wo er uns doch alles anbietet – den ganzen Reichtum der Schöpfung, den

Reichtum der Sohn- und Tochterschaft, den Reichtum seines Herzens, seiner Gaben, die Stellung, die er uns gibt: «Ihr sollt Söhne und Töchter sein und für mich das Eigentum, das mir gehört, wieder zurückerobern!» Diesem Gott fügen wir mit Leichtsinn und Absicht Schmerz zu! Das ist unvorstellbar! Wenn nur der Heilige Geist uns erst einmal von dieser Sünde überführen darf, dann findet ein Erwachen statt! Wenn wir einmal weinen können über unser Herz und über unsere Sünden, dann wird in uns ein Grund gelegt, wo wir anfangen, die Sünde zu hassen wie die Pest. Wir können nicht mehr mit dem Feuer spielen. Das ist endgültig vorbei! Es geht nicht mehr! Jesus hat die Macht der Sünde am Kreuz gebrochen. Wir wollen den Heiligen Geist nicht nur für Erfrischung und für Segnung, sondern wir wollen ihn auch als den Geist der Wahrheit, der uns von Sünde überführt und unser Leben hineinbringt in die tiefe Heiligung, dass die Heiligkeit Gottes in unserem Leben Gestalt annimmt.

Jeder von uns hat eine Ausstrahlung; und die Welt weiss ganz genau, was deine Ausstrahlung ist. Wenn Jesus in dir die Hauptsache ist, dann wirst du eine Ausstrahlung haben, die anderen Menschen nicht zum Verhängnis wird, dass sie sich darin verheddern, sondern du wirst eine Ausstrahlung haben, die auf Jesus hinweist. Da werden Menschen sagen: «Der Mensch hat ein Geheimnis. Was ist es? Ich will es wissen. Erzähl es mir!» Um die Ausstrahlung eines Menschen, in dem Jesus wirklich Gestalt gewinnt und der sich hineinnehmen lässt in den Prozess der Heiligung, ist es etwas Wunderbares. Das ist die Erziehung, da muss uns Gott manchmal auch ein Stück alleine gehen lassen. Wir müssen unsere eigenen Erfahrungen sammeln. Wir können nicht ständig die Steine aus dem Weg geräumt bekommen.

Gott ist ein Vater, und er tröstet wie eine Mutter. Manchmal ist es unvorstellbar, dass Gott so viel Geduld hat. Wir können kommen und sagen: «Gott, schon wieder ein zerschundenes Knie, schon wieder reingefallen. Vater, vergib!» Der Vater wird sagen: «Geh weiter, Sohn, steh auf! Versuch's nochmal. Ich bin mit dir, ich steh zu dir. Ich bin grösser als alles!» Wir beten darum, dass der Heilige Geist heute nicht nur Einzelne, sondern ganze Städte wieder erfasst und überall Bussbewegungen entstehen und wir wieder merken, dass wir Herausgerufene sind, um die Heiligkeit Gottes in der Welt zu repräsentieren. Das ist ein grosses Erbe, eine Würde, die Gott uns zuspricht: «Du, in dir soll Gott lebendig werden!»

Unorthodoxe Erziehungsmassnahmen Gottes

Damit wir als Söhne und Töchter in die Heiligkeit hineinkommen, werden wir nicht nur «erzogen», sondern Gott wird ab und zu auch drastische Massnahmen ergreifen – auch einmal einen Schuss vor den Bug setzen. Das habe ich erlebt, als ich mit dem Wagen eine Böschung hinunterfuhr und dabei zwei Saltos machte, so dass das Dach nachher auf der Höhe des Steuerrades flach war. Erst viel später bin ich dann aus meiner Bewusstlosigkeit erwacht und habe die Sterne über mir gesehen. Ich erinnere mich aber noch genau, was ich dachte, als der Wagen sich überschlug: *«Der Vater, der Vater! Das ist nicht Strafe, das ist Erziehung. Das ist der Schuss vor den Bug.* Der drückt jetzt mal dein Dach flach, damit es auf dem Steuerrad ist und damit ich lerne, nicht immer das Steuer selber in der Hand zu haben.» Wie sehr war ich dann gedemütigt – ich war so stolz auf meinen tollen Peugeot –, als drei Tage später ein Bauer an meinem Krankenbett im Spital stand und fragte, ob er nicht die Hinterachse meines Wagens für seinen Mistwagen haben könnte! Das sind Erziehungswege Gottes! Der Herr schafft immer Stereo: Mich hat er erzogen und gleichzeitig diesem lieben Bauern eine Achse verschafft!

Ich finde diese Erziehungswege Gottes wundervoll! Freuen wir uns nicht auch darüber, wenn wir spüren, dass wir in unserer Klasse wieder befördert worden sind? Was ist das für eine Freude z. B. für einen jungen Mann, der plötzlich spürt: Alle die Zwänge, seine Sexualität in falscher Weise leben zu müssen, sind abgefallen, einfach weg. Gott hat sukzessive an seinem Herzen gearbeitet und plötzlich kam der Durchbruch. Was ist das für ein Geschenk, diese Erziehung!

Jesus, schaff weiter!

Es gibt nichts Gewaltigeres, als immer wieder die Menschen zu sehen, in denen Jesus lebt. Daran kann ich mich nie satt sehen! Was ist das für ein Geschenk, einen älteren Mann oder eine ältere Frau zu sehen, in denen Jesus lebt! Was ist das für ein Geschenk bei diesen jungen Menschen, die zwar noch ihre ganze Pubertät mit aller Rebellion ausleben, wo aber gleichzeitig schon etwas zu sehen ist: etwas von Jesus! Da scheint etwas durch! Gott schafft es – er ist der Vollender unseres Glaubens, und er wird zum Ziel kommen! Gott ist ein beharrlicher Gott, Jesus ist beharrlich, er bleibt dran. Wir müssen ihm nur immer wieder die Einwilligung zu diesen Erziehungswegen geben und sagen: «Jesus, schaff weiter! Bleib dran! Komm wieder!»

Wir sind die Stimme Gottes in dieser Welt. Jesus hat einmal das herausfordernde Wort gesagt: *«Wer euch hört, der hört mich.» (Luk. 10,16)* Gott vertraut uns – seinen Söhnen und Töchtern – das an, was auf seinem Herzen brennt. Gott ist gleichzeitig so grosszügig. Er sagt: «Ihr werdet einmal für alles, was ihr für mich getan habt, Lohn kriegen.» Gott geht es dabei überhaupt nicht um Bezahlung, sondern darum, uns Freude zu machen. Gott ist ein Gott, der aufbaut, ein Gott des Lebens und der Fülle. Er will, dass wir in diese Fülle hinein kommen. Wir kommen aber nur hinein als Söhne und Töchter im Gehorsam dem Willen Gottes gegenüber. Die Weisheit Gottes ist – so hoch der Himmel über der Erde ist – über aller Menschenweisheit. Und seine Wege sind höher als alle Menschenwege. Wir sehen oftmals nicht in diese Weisheit Gottes hinein, in die Wege, die er Menschen führt.

Gott, was ist jetzt deine Strategie?

Gottes Weisheit ist unendlich viel grösser, und seine Wege sind immer anders! Söhne und Töchter Gottes werden trainiert, damit sie immer wieder auf die feinen Impulse des Vaterherzens und des Heiligen Geistes eingehen können, um zu hören, wie Gott jetzt vorgehen will. Schauen wir einmal durch die Bibel: Gott macht nie zweimal dasselbe, immer wieder anders! Das erste Mal fünf Brote und zwei Fische für die 5000. Das nächste Mal hätte Jesus ja für die 4000 sagen können: «Da reichen doch dicke vier Brote!» Aber da waren sieben Brote, und da hat er sieben Brote genommen! Trotz der sieben Brote gab es weniger Körbe mit Überresten! Es ist immer wieder anders.

Einmal musste David frontal von vorne angreifen. Ein andermal hat David, der seinen Gott kannte, gefragt: «Gott, was ist jetzt deine Strategie?» Gott hat ihm gesagt: «Sieh mal die Bäume an. Wenn die Blätter rauschen, dann komm von hinten!» Es ist eine Sache, frontal anzugreifen, und es ist eine andere Sache zu warten, bis die Blätter ein bisschen zittern und als dieser grosse Feldherr nach diesen Blättern zu schauen. Gott hat gesagt: «Schau ein bisschen ins Grüne, das lenkt euch ab, und dann kommt von hinten!» Es gab einen gewaltigen Sieg. Gott ist immer wieder anders. Aber er braucht Söhne und Töchter, auf die absoluter Verlass ist. Sie müssen ihren Gott so kennen, dass sie wissen: Er ist immer wieder anders. Sie müssen immer wieder fragen: «Gott, wie jetzt? Das letzte Mal haben wir es so gemacht.» Diese Verlässlichkeit prüft Gott, und er baut Leute auf, die ihm absolut ergeben sind. Dasselbe hat er mit den Freunden Davids gemacht, die waren David absolut ergeben. Darum konnte David mit seinen Freunden das Königtum erobern, zuerst in Hebron, später in Juda, in Jerusalem.

Gott muss sich auf uns verlassen können

Jesus war absolut verlässlich. Sein Name ist *«treu und wahrhaftig» (Off.19,11)*. Gott konnte sich in allem auf diesen Sohn verlassen. Als Jesus den blutigen Schweiss geschwitzt und gebetet hat: «Vater, wenn's möglich ist, dann lass diesen Kelch an mir vorbeigehen. Aber nicht mein, sondern dein Wille geschehe!», hat er zum Ausdruck gebracht: *«Vater, du kannst dich absolut auf mich verlassen! Ich werde deinen Willen tun.» (Luk. 22,39–46)* Da muss Gott uns trainieren, da werden wir immer wieder geprüft und aufgebaut. Gott wird dich auch für Ungewöhnliches brauchen, dass er dich z. B. an Orte bringt, wo du von dir aus nie alleine hingegangen wärst. Gefängnisse z. B. sind Orte, die Gott gebraucht – aber wer geht schon freiwillig ins Gefängnis? Paulus war römischer Bürger und ist in Philippi ins Gefängnis gekommen und hat dort die erste Gefängnismission für Europa begonnen (Apg. 16,23–34): Das erste Gefängnis wurde erschüttert, der erste Gefängnisdirektor hat sich bekehrt. Wir müssen in unserem Herzen ein Ja zu den merkwürdigen Wegen Gottes finden.

Christen haben eine ganz besondere Einstellung zu diesen Wegen Gottes. Seine Wege sind oft heilig. Wir können es nicht erklären, aber es gibt Wege, auf denen wir unser Leben Gott ganz hingeben. Gott gebraucht diese Wege für sein Reich. Was wäre geschehen, wenn Jesus sein Leben nicht ganz am Kreuz hingegeben hätte? Er hätte Tausende von Menschen gesund gemacht, hätte das Brot gebrochen und vermehrt, wäre auf dem Wasser gelaufen, wir hätten heute noch viele wunderbare Trostworte, die man auf Kalenderzettel druckt, er wäre ein weiser Mann und ein Prophet gewesen. Aber es wäre keine Erlösung geschehen. Wir brauchen Frauen und Männer, Söhne und Töchter, die bereit sind, die Wege Gottes zu gehen.

Vor dem Thron Gottes stehen die Märtyrer ganz in der Nähe von Gott. Die Märtyrer werden einmal mit Jesus tausend Jahre auf dieser Welt regieren. Was das bedeutet: tausend Jahre mit Jesus zu regieren! Ich persönlich glaube an das Millenium, das Tausendjährige Reich (Off. 20,1–7), weil für mich die Bibel verbindliches Wort Gottes ist; aber auch weil Gott den Völkern nochmals zeigen will, wie Regierung aussieht, wenn die Völker nicht mehr von Satan verführt sind. Da giesst Gott nochmals sein Erbarmen aus.

Als der alte Blumhardt gestorben ist, hat er als letztes Wort gesagt: «Gott, tu deine Hand auf zum Erbarmen über die Völker!» Wir haben nur diesen Schrei, dass diese Hand Gottes sich auftut und Erbarmen über die Völker kommt. Aber wie soll Erbarmen über die Völker kommen, wenn nicht Söhne und Töchter da sind, die bereit sind, auf den Wegen ihres Vaters zu gehen und sich rufen zu lassen? *«Wen soll ich senden? wer wird uns gehen?»* heisst es in Jesaja (6,8). Für Jesaja hat das bedeutet, eine lange Zeit als Priester nackt in der Stadt herumzulaufen. Komisch! Priester haben sonst doch eine andere Amtskluft!

«Uncorruptable Flesh»

Gott sucht Menschen, auf die Verlass ist, treu, hingegeben. Bob Jones, einer unserer prophetischen Freunde, hat einmal vom «uncorruptable flesh» gesprochen. Das meint Menschen, die sich nicht mehr korrumpieren lassen, Menschen, die sich nicht vom Willen Gottes abziehen lassen. Vor allem an die Jungen richte ich eine dringende Bitte: Denkt an die Geschichte von dem *jungen Propheten* in 1. Könige 13. Er hatte von Gott den Auftrag, nach Bethel, dem götzendienerischen Heiligtum des Nordreiches Israels, zu gehen: mit einer Botschaft an den König Jerobeam und mit dem prophetischen Zeichen, dass der Altar dort in der Mitte zerbersten und die Asche von diesem gewaltigen Staatsaltar verschüttet werden würde. Und genau das geschah. Jerobeam, der gerade am Opfern war, streckte daraufhin seine Hand aus und rief: «Fasst ihn!» Aber da konnte er die Hand nicht mehr zurückziehen, sie war steif. Von den Stufen des Altars herunter hat er den Propheten angebettelt und gesagt: «Begütige deinen Gott!» Der Prophet hat für ihn gebetet, und der König konnte seine Hand wieder zurückziehen. Was geschieht hier? Dies ist eine prophetische Vorhersage, wie gewaltig Gott durch junge Menschen wirken will, die zwar noch völlig unerfahren sind, die aber das «unkorrumpierbare Fleisch» haben – die sich also Gott ganz zur Verfügung stellen, gehorsam sind und keine Ehre für sich selbst suchen.

Aber was passierte direkt danach? Gott hatte dem jungen Propheten klar gesagt: «Du sollst dort nicht essen und trinken und dich nicht niedersetzen (und über dieses Wunder reden) und womöglich noch einen Orden bekommen, sondern geh auf dem schnellsten Weg wieder nach Hause, und zwar auf einem anderen Weg, dass sie dich nicht finden!» Es lebte aber dort ein alter Prophet, schon ein bisschen abgebrannt, der von den guten alten Zeiten erzählte, wo es noch Wunder gab. Dieser hörte von seinen Söhnen, die nach Hause kamen, was der junge Prophet gemacht hatte. In ihm entstand wieder eine gewaltige Sehnsucht, und er sagte: «Diesen Propheten muss ich sehen!» Er ist ihm nachgejagt und hat gesagt: «Ein Engel ist mir erschienen und hat gesagt, du sollest zurückkommen, und ich soll mit dir essen und trinken!» Der Junge ging ihm auf den Leim und ging zurück, ass und trank mit ihm. Während des Essens und Trinkens kam der Geist Gottes über den alten Propheten, und er musste dem jungen Propheten prophezeien, dass ihn auf dem Rückweg ein Löwe töten werde, weil er nicht gehorsam gewesen sei. Stellt euch diese Tragik vor! Der junge Prophet wird dann tatsächlich tot aufgefunden. Der Esel steht daneben und der Löwe auch.

Ich bitte alle, aber besonders die Jungen: Es gibt nur eines, wenn Gott euch einen Auftrag gibt: Dann schaut nicht links und nicht rechts auf die Menschen, sondern tut diesen Auftrag, verschwindet so rasch als möglich und seid wieder unsichtbar für die Menschen. Wir sind nur Ausführende der Befehle und des Willens Gottes, aber wir nehmen keine Ehre! Gott sucht heute Menschen, die keine Ehre mehr für sich nehmen, die nicht mehr gross darüber sprechen und alles ausbreiten. Sie gehen und kehren dann wieder auf anderen Wegen zurück. Darum muss unser Herz nochmals für die Wahrheit geheiligt werden, damit wir zu verlässlichen Söhnen und Töchtern werden, mit denen Gott rechnen kann.

Frei von Angst: vor Ablehnung, Leiden und Tod

Paulus sagt einmal zu den Korinthern: *«Ihr streitet miteinander – und dabei werdet ihr einmal über Engel richten!» (nach 1. Kor. 6,3)* Stellen wir uns das einmal vor: Wir werden einmal über Engel richten! Was für einen Stellenwert haben wir als Söhne und

Töchter Gottes! Zu dieser herrlichen Freiheit der Söhne und Töchter Gottes gehört dann ebenfalls, dass wir den Tod hinter uns haben. Die Menschen sind gefangen durch die Furcht vor dem Tod und den Schmerzen, dem Leid. Söhne und Töchter Gottes wachsen immer mehr in die Freiheit hinein, dass wir nicht mehr durch Schmerz, Tod oder Leid in irgendeiner Art und Weise verunsichert werden, sondern sagen können: *«Leben wir, so leben wir dem Herrn; sterben wir, so sterben wir dem Herrn. Wir leben nun oder wir sterben, so sind wir des Herrn.» (Röm. 14,8)* Das ist eine neue Freiheit! Frei ist nur, wer sich vor dem Tod nicht fürchtet. Frei ist nur, wer sich vor dem Leiden nicht fürchtet. Frei ist nur, wer sich vor dem Schmerz nicht fürchtet. Nur der ist frei, alles andere ist eine unechte Freiheit.

Wir haben ein falsches Evangelium verkündet, wenn wir Christen immer nur gesagt haben: «Wir bieten euch ein leidensfreies Christentum an!» Für alles hat man eine Pille, und das Evangelium wird dann zu einer Apotheke, wo man Pillen verteilt und Penizillin, und wo man möglichst schmerzfrei über die Runden kommen will. Wir haben aber die gewaltigste Freiheit, die Menschen überhaupt kennen: die Freiheit von Menschenanerkennung und Menschendienerei, die Freiheit vom Tod, die Freiheit vom Schmerz, und die Freiheit, dem Leiden nicht um jeden Preis ausweichen zu müssen. Wir sind Frauen und Männer, die sagen: Wir haben das ewige Leben – in dir und in mir ist jetzt schon ewiges Leben! Wir betteln nicht mehr um ein paar Tage oder Jahre, sondern wir haben das ewige Leben bereits hier. Wenn wir betteln, dann nur darum: «Gott, gib noch ein paar Jahre dazu, damit wir Früchte bringen, und dass wir dich nach Möglichkeit sehen, wenn du wiederkommst! Damit ich dabei sein kann, wenn du deine Ernte einfährst, wenn der Tag der Kraft kommt und dein Volk in Kraft wieder aufsteht! Dabei sein, wenn wir als Volk Gottes ein Zeugnis der Einheit, der gegenseitigen Wertschätzung, der Achtung und Liebe sind. Dabei sein, wenn die messianischen Juden zusammen mit den Menschen der Nationen tanzen und ihren Gott anbeten!»

Jesus, der Sohn eines Zimmermanns, steht ungebrochen vor dem römischen Statthalter. Er bettelt nicht um sein Leben, sondern sagt zu Pilatus: *«Du hättest keine Macht über mich, wenn sie dir nicht von oben herab gegeben wäre!» (Joh. 19,11)* Danach weigert sich Jesus, weiter mit dem Statthalter zu sprechen. Jesus war der Sohn Gottes – und wir sind seine Brüder und Schwestern. Wir werden auch in die Mündigkeit, Würde und Reinheit hineinkommen, wo wir diese Haltung bekommen. Dann stehen wir mit einem geraden Rücken, mit einem offenen Gesicht, in der Freiheit der Söhne und Töchter Gottes.

«Unsagbar glücklich, absolut furchtlos und immer in Schwierigkeiten»

Ich möchte an das Wort der Quäker erinnern: «Christen sind unsagbar glücklich ...». Dabei gibt es keine grössere Glückseligkeit als im Leiden. Vielleicht haben wir schon Eiswein getrunken. Da lässt man die Beeren hängen, bis sie gefrieren; dann erntet und presst man sie – da ist kein Wasser mehr drin, sondern da ist die Süsse und ein unwahrscheinlicher Geschmack. Das ist der Geschmack der Glückseligkeit, wenn wir durch die Kälte von Ablehnung gegangen sind, durch Tiefen und Höhen. Daraus kommt die tiefe Glückseligkeit, bei Jesus zu sein, an seiner Seite. Da zu sein, wo Jesus ist.

Als unsere Arbeit einmal im Schweizer Fernsehen angegriffen wurde und Menschen uns öffentlich angeklagt haben, da bin ich in jener Nacht nicht vor dem Fernseher gesessen, sondern ich bin in die Nacht hinausgegangen. Es war eine Mondnacht, und Gott hat in mein Herz hinein das Lied von Paul Gerhardt gegeben: «Mein Herze geht in Sprüngen und kann nicht traurig sein, ist voller Freud und Singen, sieht lauter Sonnenschein. Die Sonne, die mir lachet, ist mein Herr Jesus Christ. Das, was mich singen machet, ist, was im Himmel ist.» Ich bin durch diese Nacht gelaufen und habe gesungen. Ich bin lange nicht mehr so glücklich gewesen. Eine tiefe Glückseligkeit war in meinem Herzen drin, und diese Glückseligkeit ist nie mehr weggegangen. Sie ist immer wieder wie ein Grundton in mir geblieben. Es gibt keine grössere Freude als die Freude im Leiden.

Im Philipperbrief, der aus dem Gefängnis geschrieben wurde, heisst es immer wieder: *«Freuet euch! Ich freue mich! Und noch einmal sage ich euch: freuet euch!» (3,1; 4,4)* Das ist die allertiefste Freude! Wir propagieren nicht das Leiden! Da, wo Leiden ist, wollen wir auch Hände auflegen, und wir hoffen auf die Zeichen und Wunder der Wiederherstellung. Aber Gottes Wege sind oft anders! Vor mir stand eine blinde junge Frau, die sagte: «Ich hätte Jesus nie gefunden, wenn meine Augen nicht blind gewesen und meine Herzensaugen geöffnet worden wären!» Das waren auch Wege Gottes! Gott schafft sein Reich oftmals auch durch Rollstühle hindurch. Gott kann sein Reich durch Behinderung hindurch schaffen. Gott kann sein Reich auch durch Verstümmelung hindurch schaffen – wie auch immer! Gott schafft sein Reich und geht auf so vielen Wegen, um an die Menschen heranzukommen. Wenn Gott einen solchen Preis bezahlt hat, dass er seinen Sohn gegeben hat am Kreuz, damit wir gerettet werden – was ist ihm ein Menschenleben wert! Das vollständige Wort der Quäker lautet: «Christen sind unsagbar glücklich, absolut furchtlos und immer in Schwierigkeiten!»

Gebet

Vater, ich danke dir, dass du dieser gewaltige Vater bist, der seine Kinder ans Herz nimmt; ein Gott, der uns die Zeiten der Nähe und des Verwöhnens gibt, ein Gott, der sich freut und uns tröstet, wie eine Mutter tröstet, der uns hält und der sagt: Keine Macht wird dich mehr aus meinen Händen reissen! Gleichzeitig bist du ein Gott mit dieser Leidenschaft, wahre Menschen aufzubauen, Frauen, Männer, Töchter und junge Männer, die für diesen Gott stehen, die sich einreihen in ein Volk und in eine Armee, welche die Fahne des Lammes tragen; die nicht mehr mit den Waffen des Fleisches kämpfen, sondern mit den Waffen des Geistes, und die wie Lämmer und wie Schafe hinaus geschickt werden in eine Welt, die voll ist von diesem Wolfsgeist. Sie gehen in der Kraft und Autorität Gottes voran. Sie gehen durch Wüsten und kommen nicht um, durch Feuer, und das Feuer versengt sie nicht, sind in Löwengruben, und du, Gott, hältst den Rachen der Löwen zu. Sie sind in Feueröfen, und du, Gott, schickst deine Engel. Und wenn du keine Engel schickst und wir verbrannt werden, dann wissen wir, dass aus diesem Rauch und dieser Hingabe eine Ernte entstehen wird, die all unsere Vorstellung übersteigt.

10

Der Ewig-Vater

und die apostolische Gemeinde

Im Hohepriesterlichen Gebet (Johannes 17) spricht Jesus seinen geliebten Vater mit «Heiliger Vater» an, um damit auszudrücken, dass er sich auch unter *die Heiligkeit der Wege Gottes* stellt. Wir sind nicht nur Kinder des Vaters, die in der Abhängigkeit vom Vater leben wollen, sondern wir wachsen auch hinein in die Sohn- und Tochterschaft. Als Söhne und Töchter sind wir beauftragt, den Vater in der Welt zu repräsentieren. Dazu hat Jesus gesagt, wir sollen vollkommen sein, wie unser Vater vollkommen ist; d.h. wir sollen ein Spiegel seines Wesens sein.

Das geistliche ABC

Dazu gehört zuallererst, dass wir als Christen nicht fakultativ, sondern in Selbstverständlichkeit *vergeben*, so wie Jesus uns vergeben hat. Wir haben gar keine Wahl: Jesus in uns vergibt. Auch wenn unsere Seelen dagegensprechen und wir durchhängen, vergeben wir im Namen Jesu Christi. Wir haben auch keine andere Wahl, als unsere Verletzungen in die Wundmale Jesu hineinzulegen. Verletzungen gehören nicht uns als unser Besitztum, das wir vor uns hertragen, um damit um Mitleid zu betteln. Wir haben unsere Identität nicht in den Verletzungen; sie sind von Jesus getragen worden.

Ich war einmal in einer Gemeinde zu einer Krisenintervention. Da wurde wortwörtlich gesagt: «Wir können nicht miteinander, weil die Verletzungen zu gross sind.» Schwestern und

Brüder, was ist das für ein Reden unter dem Kreuz! Wo einer gehangen hat, der sündlos gewesen ist und der sich für die Schuld der Welt zum Fluch und zur Sünde machen liess! Wir wollen mit unseren Verletzungen nicht rechten gegenüber dem gewaltigen Opfer Jesu Christi. Unsere Verletzungen und Schmerzen gehören Gott. Und dann erleben wir es auch im Leib Jesu: *«Einer trage des andern Last!» (Gal. 6,2)* Was auch immer im Leib Jesu zerstört worden ist, wird wieder geheilt, wenn wir einander gegenseitig helfen, die Lasten zu tragen. Wir repräsentieren Gott, der barmherzig und gnädig ist. Darum werden wir auch immer und immer wieder Menschen von einer versöhnenden, freilassenden, grosszügigen Art sein.

Vorangehen in der Vision des Reiches Gottes

Gleichzeitig werden wir als Söhne und Töchter Gottes aber auch von unserem Vater *herausgefordert.* Er verzärtelt und verwöhnt uns nicht, sondern er ist ein Vater, der Freude daran hat, dass seine Söhne und Töchter aufwachsen, stark werden und in der Vision des Reiches Gottes vorangehen.

Gott hat damit begonnen, dass er einen alten Mann aus seiner Pensionskasse und der ganzen Umgebung loseiste und ihn noch einmal auf den Weg in ein Land schickte, das er nicht kannte. Er sagte ihm: *«Wenn du für mich losgehst, werde ich dich zu einem grossen Volk machen, und durch dieses Volk werden alle Völker der Erde gesegnet werden.» (nach 1. Mose 12,1–3)* Als dieser gleiche alte Mann dann ein Kind hatte, bat ihn Gott (1. Mose 22): *«Bring mir dieses Kind!»* Und am Ende dieser Prüfung sagte Gott wieder: *«Weil du mir diesen Sohn nicht vorenthalten hast, will ich dich segnen, und in deinem Namen sollen gesegnet sein alle Völker.»*

Das ist dieser Gott, der die Jungen aus dem Nest rauswirft und uns etwas zumutet. Bei ihm dürfen wir auch Fehler machen, vor ihm dürfen wir schuldig werden, neben den Schuhen stehen und uns verhauen. Trotzdem ist er der Vater, der sich einfach freut, wenn wir im Namen Gottes gehen und etwas wagen. Er klagt uns nie an. Bei den Kerlen, die mit ihren Talenten gewuchert haben, ist auch vieles daneben gegangen! Wuchern hat immer auch etwas mit Kühnheit und dem Freimut zu tun, etwas zu wagen. Gott schätzt das! Auch als Gemeinden dürfen wir Fehler machen, denn dadurch lernen wir das Vaterherz kennen und lernen auch, einander zu vergeben. Wir bleiben nur so in der Abhängigkeit von Gott.

Von diesem Gott heisst es beim Propheten Jesaja: *«Ein Kind ist uns geboren, ein Sohn ist uns gegeben, und die Herrschaft kommt auf seine Schulter, und er wird genannt: Wunderrat, starker Gott, Ewig-Vater, Friedefürst. Gross wird die Herrschaft sein und des Friedens kein Ende auf dem Throne Davids und über seinem Königreiche, da er es festigt und stützt durch Recht und Gerechtigkeit von nun an bis in Ewigkeit. Das wird der Eifer des Herrn der Heerscharen tun.» (9,6–7)*

Ich freue mich an diesem Wort: *Ewig-Vater.* Ewig-Vater heisst, dass dieser Vater nicht irgendwann einmal aufhört, Vater zu sein und womöglich dann, wenn der alte Himmel und die alte Erde durch einen neuen Himmel und eine neue Erde ersetzt sind, in eine andere Position kommt. Nein, er bleibt der Vater, der Ewig-Vater, so wie er die Liebe ist und nicht nur Liebe hat. Er *ist* die Liebe! So spielt er auch nicht Vater für eine gewisse Zeit, wo wir unbedarfte Kinder auf diesem Stern sind, sondern er bleibt der Vater. Er ist der Vater, das ist sein Wesen.

Der Vater hat das Gericht dem Sohn übergeben

Wie zum Zeichen dafür, dass er der Ewig-Vater auch nach der grossen Wende bleibt, wenn die Bücher aufgetan werden, der Thron aufgerichtet ist und die Völker und Nationen und die Einzelnen vor diesem Thron Rechenschaft ablegen, hat der Vater das Gericht seinem Sohn übergeben (Joh. 5,22). Sonst würden wir plötzlich in unseren Gedanken, Vorstellungen und Ängsten wieder sagen: «Dann kommt der Rächergott! Dann ist er nicht mehr der Vater, sondern dann kommt der Richtergott, vor dem alles zittert!» Aber der Vater hat das Gericht seinem Sohn übergeben. Nicht der Vater, der Sohn wird richten – das Lamm vor dem Thron Gottes «wie geschlachtet» (Off. 5,6). Der Vater hat das Gericht über diese Welt in die Hände seines Sohnes gelegt, der mit seinen Wundmalen dastehen und die Welt richten wird. Es ist nur einer würdig, die Siegel zu brechen und Gericht zu sprechen, und das ist das Lamm Gottes. Das gibt auch uns mit unserem Gewissen und all dem, was sich in uns noch mit den falschen Gottesbildern ängstigt, nochmals Bestätigung und ein Siegel: Der Vater ist der Ewig-Vater.

Gottes brennende Sehnsucht nach seinem Volk

Durch das Gericht hindurch bleibt er Vater, der Ewig-Vater, der nur eine Sehnsucht hat: unter seinem Volk zu wohnen. In der Offenbarung heisst es: *«Siehe da, die Hütte Gottes bei den Menschen!» (21,3)* Das ist doch die Sehnsucht Gottes: wieder unter seinen Kindern wohnen zu können. Gott hat immer, durch das ganze Wort der Bibel hindurch, sein Herz mit einer echten Leidenschaft eines liebenden Gottes dargestellt. Im Alten Testament gebraucht er ausgerechnet das Bild von der Ehe für seine Beziehung zum Volk der Juden. Was für ein Bild: voll von Leidenschaft und Gefühl, voller Höhen und Tiefen. Er sagt zu seinem Volk: *«Ich habe mich mit dir verlobt in Ewigkeit. Ich habe mich dir angetraut.» (nach Hos. 2,19)* Gott schliesst einen Bund mit dem Volk Gottes. Das ist keine fromme, religiöse Sache, wo er froh ist, wenn wir einigermassen auf die Reihe kommen und kapieren, wie wir uns verhalten sollten und etwas von seinem Bild widerspiegeln. Sondern er entbrennt in Liebe zu seinen Menschen, zum erwählten Volk! *«In Ewigkeit habe ich mich mit dir verlobt.»*

Gott schämt sich auch nicht zu sagen, dass er ein *eifersüchtiger* Gott ist! Haben wir schon von anderen Göttern gehört, die sagen: *«Ich bin eifersüchtig?» (2. Mose 20,5)* Können wir uns einen Buddha vorstellen, der eifersüchtig ist? Einen Allah, der eifersüchtig ist? Oder all diese Vishnas, die eifersüchtig sind? Der einzige, lebendige Gott, Schöpfer des Weltalls, sagt: *«Ich bin ein eifersüchtiger Gott!»* Das ist nicht eine Floskel, ein theologischer Satz, sondern das ist Wahrheit. Lesen wir den Propheten Hosea, wo Gott sagt: *«In Ewigkeit habe ich mich mit dir verlobt, und du bist mir treulos. Ich lauere am Weg, damit ich dich anfalle, weil etwas in mir so verletzt ist und ich mich sehne nach deiner Liebe. Aber du gehst fremd mit anderen Göttern.» (s. Kapitel 1+2)*

Was ist das für ein Gott, der praktisch um Liebe bettelt? In Jesus steht Gott vor Petrus und fragt (Joh. 21,15–17): *«Liebst du mich? Liebst du mich mehr als die anderen?»* Was ist das für ein Gott, der vor dir steht und fragt: *«Liebst du mich?»*, der sich eine solche Blösse gibt, als wäre er von dieser Liebe abhängig! Er ist ein Gott, der kommt und sagt: *«Ich habe Durst, gib mir zu trinken!» (nach Joh. 4,7);* ein Gott, der in Gethsemane um den Beistand seiner Jünger bittet und sagt: *«Meine Seele ist zu Tode bekümmert; bleibet hier und wachet mit mir!» (Mat. 26,38)* Ein Gott mit einer Leidenschaft: *«Ich komme als Bräutigam, um jetzt meine Braut zu sammeln!»* Er isst und trinkt mit seinen Jüngern, stellt sich vor sie, als die Pharisäer sie anklagen, weil sie nicht fasten, wie es sich gehört: *«Können etwa die Hochzeitsleute fasten, während der Bräutigam bei ihnen ist?» (Mark. 2,19)*

Die Braut Jesu wird im Herzen des Vaters zubereitet

Als wir einmal in Jerusalem waren, wohnten wir ausserhalb in einer kleinen Wohnung. Vor unseren Augen lag der Ölberg, und in der Nacht war ich oft draussen und schaute zum Ölberg hinüber. Da habe ich gewusst: «Der Fuss Jesu wird sich einmal auf diesen Berg setzen. Er hat es versprochen (Apg. 1,11).» Was ist das für eine gewaltige Hoffnung, dass der Bräutigam kommt! Wir werden als seine Braut ihm entgegen gehen. *«Tröstet einander mit diesen Worten!»* sagt Paulus im 1. Thessalonicherbrief (4,18).

Lasst uns auch in einer neuen Art wieder von dieser Braut sprechen! Es ist ja das Paradoxe, dass die Braut zum einen hier auf der Erde ist, zum andern aber gleichzeitig der Vater im Himmel an ihr arbeitet. Sie wird dann einmal vom Himmel herabkommen. So wie die Arche, die Stiftshütte, der Tempel, wie Jesus erst im Himmel war, aber alles dann auf Erden sichtbar wurde – als reale Arche, reale Stiftshütte, realer Tempel, realer Menschensohn, so wird auch die Braut, die hier real ist, im Himmel schon geschmückt. Sie wird jetzt im Herzen des Vaters zubereitet. Dann kommt sie im Besitz der Herrlichkeit herunter.

Apostel des Lammes

Die Gemeinde wird durch Apostel und Propheten gebaut – sie sind der Grund (Eph. 2,20). Wir brauchen auch Hirten, Evangelisten, Lehrer. Aber Hirten, Evangelisten und Lehrer haben wir lange Zeit genug gehabt. Jetzt kamen die Propheten; und wir sahen, dass Gott seine Weisheit in diese Frauen und Männer hineingelegt hat. Durch das prophetische Wort hat sich auch das Vaterherz wieder geöffnet, und wir durften in das Vaterherz Gottes hineinsehen. Was uns jetzt noch fehlt, ist der apostolische Dienst.

Wir brauchen keine grossen Apostel. Gott will Apostel des Lammes! Das sind Frauen und Männer mit dem grauen «Mantel der Demut», den Rick Joyner bekommen hat, als er in einer gewaltigen Vision in den Thronsaal Gottes hineinging. In dieser Demut werden sie wieder kommen: sich vor den Gemeinden bücken, den Gemeinden die Füsse waschen, die Scherben auflesen, das Licht halten, mit den Gemeinden weinen, sie trösten und ermutigen. So hat es auch Paulus gehalten: *«Ich war bei euch»*, schreibt er an die Gemeinde in Thessalonich, *«wie eine stillende Mutter. Ich habe euch nicht nur das Evangelium gepredigt, sondern ich habe euch auch an meinem Herzen Anteil gegeben.» (1. Thess. 2,7+8)* Solche Apostel brauchen wir, nicht die Grossen, die dann kommen und sagen, was Sache ist. Wir brauchen die Apostel des Lammes, die Gott erwählen und aussondern wird. Diese Apostel können wir mit unseren menschlichen Augen nicht erwählen. Es ist wie bei David: Diese Leute sind vielleicht noch auf dem Feld, und Gott wählt sich diese Frauen und Männer zu diesem Dienst aus.

Die apostolische Gemeinde

Es gibt auch das, was wir *apostolische Gemeinden* nennen. Wir werden nicht nur prophetische Gemeinden sein, sondern auch zu apostolischen Gemeinden werden. Der fünffache Dienst, von dem die Bibel spricht (Eph. 4,11), ist nicht nur an Personen gebunden, sondern im Grunde genommen ist er ein Spiegel des Wesens der Gemeinde. Eine Gemeinde ist von ihrem Wesen her apostolisch, prophetisch, missionarisch; sie ist pastoral, hirtlich. Sie ist gelehrt durch den Heiligen Geist und gibt Worte der göttlichen Weisheit weiter. Das ist nicht auf einen Personenkreis begrenzt, sondern das ist das Wesen der Gemeinde Jesu Christi überhaupt.

Jetzt ist die Zeit, wo Gott seine Gemeinde wieder in das Apostolische hineinbringt. Wir haben ein «apostolisches Glaubensbekenntnis», aber da suchen wir vergebens das Wort «apostolisch». Dort heisst es: «Ich glaube an die eine, heilige, christliche (d.h. katholische = die ganze Welt umfassende) Kirche.» Aber im Nizänischen Glaubensbekenntnis vom 4. Jh. heisst es ganz klar: «Ich glaube an die eine, heilige, katholische *und apostolische* Kirche.» Eine apostolische Gemeinde ist das, was Jesus an Charakter in eine Gemeinde hineinlegt.

Kennzeichen der apostolischen Gemeinde: Gerechtfertigt durch das Blut Jesu

Eine apostolische Gemeinde ist eine Gemeinde von Sündern, die gerechtfertigt sind durch das Blut Jesu Christi. Wir haben viele christliche Gemeinden, die keine Gemeinden von Sündern mehr sind, sondern Gemeinden von Menschen, die es geschafft haben, die über dem Berg sind, und die Mittelklasse-Gemeinden werden, wo sich die Sünder nicht mehr so ganz wohl fühlen. Es ist immer wieder ein Check für das Wasserzeichen einer apostolischen Gemeinde, wenn ein Sünder hereinkommen und sich wohlfühlen kann mit allem Mist, den er mit hereinbringt.

Das Wesen der apostolischen Gemeinde ist, dass wir nicht mehr sündigen müssen, und dass wir von Jesus gereinigt und geheiligt werden in eine besondere Reinheit hinein, die von Jesus kommt. Den Sündern ist es nur bei den Reinen wohl! Warum war es den Sündern bei Jesus wohl? Weil er sündlos und rein gewesen ist, und weil er aus dieser Reinheit heraus nicht mehr die Sünde beim andern sehen musste; sondern er sah beim andern das, was Gott an Erbarmen für diesen Menschen empfindet. Er sah durch die Augen seines Vaters bereits das, was Gott aus diesem Menschen machen wollte. Wenn wir noch in Sünde leben, sind wir gezwungen, immer die Sünde im andern zu sehen.

Als ich Hilfsmaler war, konnte ich in keinen Raum kommen, ohne immer zu sehen, wo die Farbe abblätterte! Wenn ich zu einem Haus kam, sah ich schon die Dachunterseite und wusste, dass man dringend ablaugen, neu grundieren und malen sollte! Ich hatte das Herz eines Malers; und wenn du in Sünde lebst, wirst du automatisch immer wieder die Sünde im andern sehen. Wenn du rein und geheiligt durch Jesus Christus bist, und dann kommt ein Sünder herein, wirst du nicht mit einem seelsorgerlichen Adlerauge schon im voraus wissen: «Der müsste jetzt zur Seelsorge!» und eine Strategie entwickeln, wo's dem fehlt, sondern du siehst ihn mit den Augen Jesu Christi. Die Augen Jesu Christi sagen: «Schön, dass du da bist! Herzlich willkommen! Du bist geliebt, du bist angenommen! Wir jubeln über dich in Freude, dass du da bist!» Und nicht erst, wenn er geduscht ist!

Eine Gemeinschaft, die Sünder annimmt

Eine apostolische Gemeinde ist eine Gemeinde, die Sünder annimmt, weil alle ihre Mitglieder darum wissen, dass sie selber nur aus Gnaden errettet sind. Paulus konnte sagen: *«Ich bin der*

Grösste unter allen Sündern.» (nach 1.Tim. 1,15) Weil er das wusste, war er auch einer der ganz bedeutenden Apostel! Diesem Paulus gegenüber mussten andere nicht ein schlechtes Gewissen haben. Sehen wir einmal auf die Gemeinde in Korinth. Was war das für ein Durcheinander! Und dennoch sagt Paulus zum Eingang seines Briefes: *«Ich danke meinem Gott allezeit eurethalben.» (1.Kor. 1,4)* Dabei schläft einer mit seiner Schwiegermutter! Paulus hatte ein reines Herz und musste nicht zuerst die Sünde anschauen; sondern er sah das, was Gott in einen Menschen hineingelegt hat und was er aus einem Menschen machen will.

Eine apostolische Gemeinde wird sich dadurch auszeichnen, dass einer von draussen reinkommt und weiss: «Hier ist gut sein! Da kann ich meine Füsse unter den Tisch stellen! Da bin ich angenommen!» Da können wir auch als Schwestern und Brüder einbrechen, ohne dass wir gleich unter den kritischen Blick der Verantwortlichen kommen, die sagen: «Wie lange geht das noch? Schon so lange haben wir nun Seelsorge gemacht – und wieder nichts!» Nein, immer wieder: *«Ich danke meinem Gott allezeit eurethalben.»*

Mehr Liebe

Eine apostolische Gemeinde ist eine Gemeinde, die mehr an Liebe hat. Paulus hat im 1. Korintherbrief – nach diesem wunderbaren Kapitel 12, wo er von den Geistesgaben spricht und dem Gewaltigen, was Gott zum Aufbau der Gemeinde für uns bereit hat – gesagt: *«Ich zeige euch noch einen höheren Weg!» (nach 1.Kor. 12,31)* Dieser höhere Weg, von dem wir im 13. Kapitel lesen, ist die Liebe! Die leidenschaftliche Liebe zuerst zu Gott, unserem Vater, aber auch die Liebe zu unseren Schwestern und Brüdern. Wenn wir eine apostolische Gemeinde sein wollen, wird diese Gemeinde ausgezeichnet sein durch die Liebe des Vaters und des Sohnes, die durch uns hindurch fliesst, und nicht durch seelische Liebe.

Liebe bedeutet nicht, dass eine Gemeinde dazu da ist, die Bedürfnisse von jedem zu stillen. Kinder werden gewickelt und gefüttert; aber wir kommen dahin, wo jeder selber vor seinem Gott stehen muss, wo jeder selber seinen Gott sucht, selber seine Bibel liest und selber vor Gott sein Herz ausschüttet. Eine Gemeinde ist nicht dazu da, einen Vollservice zu bieten! Das ist ein Missverständnis. Aber die Gemeinde soll ein Ort sein, wo ich eine Familie finde von Schwestern und Brüdern, von Freunden, wo ich zu Hause bin. Das brauchen wir! Gott hat die Gemeinschaft der Heiligen geschaffen, damit wir einen Schutz haben, sogar Jesus hat diesen Schutz gebraucht bei seinen Jüngern! Darum hat Jesus gesagt: *«Die Qualität dieser Liebe ist, dass wir das Leben geben für die Brüder und Schwestern!» (nach Joh. 15,13)* Das ist ein neuer Aspekt, das Leben zu lassen für die Brüder! Wir sind verpflichtet, einander zu lieben. Wir können nicht sagen: «Ich liebe Gott» und liebe den Nächsten nicht.

Eine Familie

Ich glaube, das Geheimnis der kommenden Kraft des Leibes Christi wird sein, dass wir in unsere geistlichen Familien investieren – auch in die kleinen, die Gebetskreise, Hausgruppen, – damit hier ein Schutzraum ist. Wir erinnern uns an die Geschichte von Jesus, als die Mutter und die Brüder draussen standen und ihn sehen wollten. Da ist Jesus aufgestanden, hat über die Jünger hingeblickt, dieses Häuflein Menschen, das die Netze verlassen hat, die Zollhäuschen und die Familien, und mit ihm ins Abenteuer des Reiches Gottes hineingegangen ist, und er sah sie alle der Reihe nach an und hat gesagt: *«Wer den Willen meines Vaters in den Himmeln tut, der ist mir Bruder und Schwester und Mutter.» (Mat. 12,50)*

Früher war ich mit Leidenschaft Gemeindepastor, und ich bin durch tiefe Prozesse eines inneren Sterbens hindurchgegangen, um mein Amt loszulassen. Jetzt sind wir eine kleine Gemeinschaft, die sich regelmässig trifft, in vielen Teams und Diensten zusammenarbeitet und ihr Leben miteinander teilt. Mich bewegt es immer wieder, wenn ich sehe: Sie sind immer noch da, sie kommen immer noch mit. Lasst uns von Gott immer wieder neue Augen bekommen für das Wunder der Gnade, dass Menschen dranbleiben mit uns auf dem Weg. Das ist keine Selbstverständlichkeit, dass es Gemeinde überhaupt gibt, dass wir miteinander auf einem so risikoreichen Weg bleiben! Wir wollen die Liebe Gottes und die Augen empfangen, den anderen immer wieder mit der Liebe und mit dem Erbarmen Gottes zu sehen.

Ich denke an unsere kleine Gemeinschaft in der Schleife: zum Teil sind wir schon über 20 Jahre lang gemeinsam unterwegs. Da habe ich mein Herz kennen gelernt. Bis man voreinander einfach Freund sein kann, miteinander weinen kann, nicht mehr Pfarrer oder Diakon sein muss, sondern einfach Freund – das ist so ein langer Weg. Heute danke ich Gott, dass wir nicht weggelaufen sind, und dass wir es gelernt haben, einander mit den Augen Jesu zu sehen.

Zerbrochenheit und Schwachheit

Eine apostolische Gemeinde hat ausserdem auch ein Mehr an Zerbrochenheit und Schwachheit. Powergemeinden haben wir viele gehabt. Aber wir brauchen heute auch Gemeinden mit dem grauen «Mantel der Demut», in denen die gewaltige Kraft Gottes lebt. Das Gewaltige, das sie bewegen, kommt aus der Sanftmut, der Zerbrochenheit, der Demut und der Schwachheit. Apostolische Gemeinden sind beauftragt zum Dienst im Leib Jesu.

Eine priesterlich-reinigende Funktion

Wenn wir eine apostolische Gemeinde sind, so sind wir eine riesige Leber, indem wir das, was an Giftstoffen im Leib Jesu ist, an Negativem, an Gerüchten und Gesprächen übereinander, an Leid usw. immer wieder entgiften und als Priester vor Gott bringen.

Priester haben den Auftrag, das Weihrauchopfer vor Gott zu bringen und das Negative zu verbrennen. Wir gehen als priesterliche, apostolische Gemeinde immer wieder zum Altar und verbrennen das, was negativ ist, im Feuer des Gebetes und bringen es vor Gott. So entgiften wir mit anderen Gemeinden zusammen das, was im Leibe Jesu an Giftstoffen herumgeht. Unsere Bitte wird immer wieder sein: «Reinige unsere Lippen! Lass uns priesterliche Menschen sein! Priester für Gott!» Was brauchen wir mehr als diesen Priesterdienst, wo wir nichts Negatives, auch keine Schlagzeilen über andere Gemeinden, weitererzählen – das ist kein Gesprächsstoff, wenn es einer Gemeinde schlecht geht! Das ist ein Gegenstand, mit dem wir als Priester zu Gott gehen und zu diesem Gott schreien. Das ist die Gelegenheit, die Gemeinde zu segnen, hinzufahren, sie zu trösten und aufzubauen. Apostolische Gemeinden werden, weil sie selber zerbrochen sind, den Dienst der Ermutigung, des Trostes und der verborgenen Fürbitte tun. Von solchen Gemeinden gehen Ströme lebendigen Wassers aus.

Mehr Leiden

Apostolische Gemeinden werden auch Gemeinden sein mit einem Mehr an Leiden. Paulus hat gesagt: *«Ich trage die Malzeichen Jesu an meinem Leibe.» (Gal, 6,17)* Paulus bittet auch darum, dass er *«die Kraft seiner Auferstehung und die Gemeinschaft seiner Leiden erkennt» (nach Phil 3,10).* Geistliche Vollmacht und Gemeinschaft mit den Leiden Jesu gehören zusammen. Vollmacht kommt nicht einfach senkrecht von oben, sondern da, wo wir Gemeinschaft haben mit dem Herzen Jesu, werden wir auch Gemeinschaft haben mit der gewaltigen Salbung und Autorität Jesu Christi.

Gebet

Vater – wir wollen Gemeinde sein, die eine Leber-Funktion hat und die Giftstoffe in sich aufnimmt und ausscheidet, damit dein Evangelium des Reiches, deine Barmherzigkeit, deine wiederherstellende Gnade, deine Vaterliebe durch uns hindurch zu andern hin fliessen kann. Wir ehren dich dafür. Wir bitten um eine tiefe Reinigung unserer Lippen und unserer Herzen. Wir bitten: Heiliger Geist, du sollst das Feuer in uns sein, das alles verbrennt. Du sollst der Filter in uns sein, der dreifach filtert, damit nichts über unsere Lippen kommt, das weiter Gift in deinen Leib hinein streut, damit wir Menschen sind, die alles, was wohlgefällig ist, was ehrbar, recht, was wahr, was aufbauend ist, sagen, so wie es bei Paulus steht: Gibt es irgendetwas Gutes, Ehrbares, Rechtes, Gerechtes, Wahres, Wohllautendes – das sprecht aus! Ich danke dir, Jesus, dass du die apostolischen Gemeinden in deinem Leib in die Kraft bringst und sie aufbaust.

11

«Mein Vater ist grösser als alles»

Leben in der Kraft Gottes

Zwei Erfahrungen haben mich vor kurzem sehr beeindruckt. Die *erste* war die *Begegnung mit einer Frau* mit einem sehr zerbrochenen Leben, die aber durch die Güte Gottes wieder zu einem neuen Leben gefunden hat. Sie hörte eines Tages abseits der Strasse das Schreien eines Tieres, ging hin und fand ein kleines Kätzchen, nackt, blind, mutterlos. Und diese ehemals so zerbrochene Frau hat dieses kleine Kätzchen mit sich genommen, trägt es jetzt in einer Schachtel überall mit hin und gibt ihm im Abstand von zwei bis drei Stunden die Flasche. Es ist ein unauslöschliches Bild: Dieses kleine Kätzchen in dieser Menschenhand drin; dazu die andere Hand der Frau, die versucht, diesen Lutscher in das Mäulchen dieses kleinen Wesens hineinzubringen; und dann die beiden Vorderpfoten dieses Kätzchens, die sich spielend um diese Flasche bewegen.

Dies hat mich an die Zeit erinnert, wo ich meinen eigenen beiden Söhnen die Flasche geben konnte; und immer wieder neu war es dieses Spielen der Fingerchen und der Hände um diese Flasche rum – ein Ausdruck von innerstem Angenommensein, von Geborgenheit, von Wärme, von innerstem Glück. Diese ganze Parallele hat mich unheimlich beeindruckt: dieses unbedarfte, schutzlose kleine Wesen mit den kleinen Pfoten, das genauso diese Geborgenheit ausdrücken kann wie ein kleines Menschenkind.

Für mich war es wie ein *prophetisches Zeichen.* Wir sagen vielleicht: nur eine kleine Katze; aber eigentlich ist es Ausdruck von der Hilfsbedürftigkeit und der Schutzlosigkeit auch von uns Menschen auf diesem Stern, wo heute alles erschüttert wird und kein Stein mehr auf dem andern bleibt von dem, was einmal Sicherheit oder Tradition gewesen ist. Und auch wenn wir nach aussen hin viel Schutzmauern aufbauen können, so glaube ich doch, dass in uns drin eine letzte Ungeborgenheit bleibt, ein letztes Ungeschütztsein, ja letzte Ängste bleiben. Man gehe nur einmal durch die Wohnviertel und sehe all' diese Lichtschranken, die dann an- und ausgehen, man sehe all' diese Schutzmassnahmen, die um die Häuser getroffen werden. Der Mensch ist dieses Wesen, das im Grunde genommen schreit nach Geborgenheit und nach Schutz; und das ist nicht gebunden an bestimmte Menschengruppierungen oder Menschenalter, es betrifft jeden von uns. Jeder kennt solche Ängste. Sogar Jesus Christus hat im Garten Gethsemane gesagt: *«Meine Seele ist zu Tode bekümmert.» (Mat. 26,38)* Und gegenüber seinen Jüngern meinte er in seinen Abschiedsreden: *«In der Welt habt ihr Angst; aber seid getrost, ich habe diese Welt überwunden.» (Joh. 16,33; Luther)*

Die *zweite Erfahrung* war eine *Begegnung mit einem Maori,* einem Ureinwohner von Neuseeland. Auf seinem Gesicht stand die ganze Geschichte der Ablehnung dieser Minderheit geschrieben; ein Gesicht, das man nie mehr vergisst, wenn man's einmal gesehen hat – vielleicht wie das Gesicht auch unserer jüdischen Brüder oder auch von arabischen Brüdern, in das sich die Schicksale von Jahrhunderten und Jahrtausenden eingegraben haben. Dieser Maori wurde Christ und erzählte mir nun etwas von seinem Glauben; und dann sang er ein Lied, das er irgendwo einmal gehört hat. Dieses Lied ist ein Ausdruck von dem, was im Grunde genommen der Schrei seines und unseres Herzens ist, und wo wir zur Ruhe kommen können:

I have a maker, He formed my heart
Before even time began, my life was in His hands
He knows my name, He knows my every need
He sees each tear as it falls and hears me when I called

I have a father, He calls me His own
He'll never leave me no matter where I go
He knows my name, He knows my every need
He sees each tears as it falls
And hears me when I call and hears when I call

«Ich hab' einen Schöpfer», heisst es in diesem kleinen Lied. «Er formte mein Herz. Bevor überhaupt die Zeit begann, war mein Leben in Seiner Hand. Er kennt meinen Namen. Er kennt jeden meiner Gedanken. Er sieht jede Träne, die rinnt, und hört, wenn ich schreie. Ich hab' einen Vater. Er nennt mich sein Eigen, niemals verlässt er mich, egal, wo ich hingehe.»

In diesem Lied, das der Maori sang, brach plötzlich etwas auf von diesem *Geheimnis der Vaterschaft Gottes*, von dieser Tiefe einer Vaterschaft, wie wir sie nicht kennen. Niemand von uns weiss ja, wer dieser himmlische Vater wirklich ist. Wir leben von unsern Erinnerungen, Erfahrungen, Prägungen und Bildern, die wir weitergeben, auch von kirchlichen und religiösen Bildern. Nur Jesus hat uns die Offenbarung dieses Vaters gebracht; er hat uns – wie Luther übersetzt hat – den *«rechten Vater» (Eph. 3,15)* gebracht. Hören wir: *«den rechten Vater über alles, was da Kinder heisst, im Himmel und auf Erden.»* Er hat uns den «Ewig-Vater» gebracht. Und du wirst nie wissen, wer dieser Vater wirklich ist, wenn dir nicht durch Jesus dieses Vaterbild gespiegelt wird.

Der Vater hört auf unser Schreien

Es gehört zum Urwesen dieses Vaters, dass Er auf die Schreie dessen hört, was Er geschaffen hat. *Überall dort, wo Menschen schreien, antwortet Gott* – in ausweglosesten und völlig verfahrenen Situationen; auch da, wo der Film gerissen ist und wo es unserem Gefühl nach keine Chance mehr gibt, dass Gott je wieder mit unserm Leben neu beginnen könnte. Wenn ein Mensch schreit, wird Gott immer antworten! Lesen wir einmal die Geschichtsbücher der Juden in der Bibel! Immer dort, wo sie geschrieen haben, hat Gott geantwortet. Auch heute!

Einmal hat mich ein Freund angerufen und mir erzählt, dass ein Rechtsanwalt in seinen Gottesdienst gekommen ist, um sich noch einmal zu informieren, wo denn die Kirche heute steht. Er war ein Atheist, dessen Eltern schon aus der Kirche ausgetreten waren. Im Gottesdienst hat der Heilige Geist ihm eine Offenbarung vom Wesen Gottes gegeben. Aber da er immer noch durch diese langen Erfahrungen der Gottesferne geprägt war, hat er zu Gott geschrieen und gesagt: «Gott, ich weiss, das stimmt alles; aber ich brauche von dir ein Zeichen, dass du ein lebendiger Gott bist!» Und was geschah? Morgens – um vier, glaub' ich, war es – kam Jesus in das Zimmer dieses Rechtsanwalts; und dieses Zimmer wurde voll von Licht, und Jesus hat sich ihm offenbart. Mein Freund hat ihn gefragt: «Wie war's denn, erzähl' doch, erzähl' doch!» Aber er sagte: «Ich kann es nicht erzählen! Es war, als würden Hunderte und Hunderte und Hunderte kristallklarer Worte wie ein Wasserfall über mich herunterrieseln.» Verstehen wir: Das ist das, was der Seher Johnannes uns im ersten Kapitel des Buches der Offenbarung beschreibt: *«Die Stimme Jesu war wie das Rauschen vieler Wasser.» (Off.1,15)* Das ist der Vater, das ist sein Herz, das ist das Herz eines wirklichen Vaters. Da, wo ein Kind schreit, da wird ein Vater antworten! Wenn wir schreien, wird Gott antworten, weil das sein Herz ist.

Wir haben viel zu kleine Gottesbilder, und Jesus ist gekommen, um dieses wahre Vaterbild wieder herzustellen. Er sagte: *«Mein Vater ist grösser als alles.» (Joh.10,29; Luther)* Dieser Vater hat nicht nur das Sagen in den Gemeinden und in den Kirchen; da können wir's noch glauben, dass Er das Sagen hat; und allenfalls noch in unseren Bewegungen und allenfalls noch in den Gebetsgruppen oder Hauskreisen, wie immer wir sie nennen mögen. Aber Gott ist grösser als alles. Ihm gehört die Erde, sie ist sein Eigentum. Er setzt Könige ein und setzt Könige ab. Er hebt Menschen aus dem Staube heraus und setzt sie in Würde ein zu seinem Ebenbild. Er ist der Gott, der Himmel und Erde geschaffen hat. Und warum hat er sie geschaffen? Um uns Menschen, diesen kleinen Wesen, die da wie diese kleine Katze in seiner Hand sind, zu zeigen: *«Seht, ich bin grösser als alles, grös-*

ser als alles!» Glauben wir, dass Gott diesen Aufwand und Luxus betrieben hat, um für diese kleine Menschheit, diese paar Milliarden Menschen, einen solch' gewaltigen Kosmos aufzubauen? Seit Jahrhunderten sinnen Menschen darüber nach: Das kann doch nicht nur für uns sein, da muss es doch noch andere bewohnte Planeten geben! Aber es ist für uns! Es ist für uns! Gott wollte uns damit sagen: *«Ich bin grösser als alles!»*

Als ich einmal in einer inneren Zerrissenheit unter dem Sternenhimmel stand, da ist eine Sternschnuppe über mich hingezischt. Noch nie in meinem Leben sah ich eine solche leuchtende Sternschnuppe. Es war wie ein Komet, mit einem richtigen Schweif! Ich glaubte, das Zischen dieser Sternschnuppe mit ihrem langen Schweif über mich weg richtig zu hören! Und ich hab' gewusst: «So ist mein Vater.» So wie wir ein Streichholz anzünden in der Finsternis, damit es wenigstens ein bisschen Licht wird, so zündet er mit einem Streichholz einen Stern an, um mir Menschlein zu sagen: «Ich bin das Licht, hab' keine Angst, Ich bin bei Dir.» Können wir das verstehen?

Um deinet- und meinetwillen ist diese Schöpfung auch dieser gewaltige Spiegel von der Kraft unseres Gottes. Dabei haben wir lange, lange Zeit damit zugebracht, diesen Gott immer kleiner zu machen, bis er schliesslich in unsere Kirchen hinein gepasst hat, in unsere vorgegebenen Vorstellungen und Bilder. Aber Gott sprengt alles. Er ist der Gott dieses Universums, der auch noch grösser ist als das ganze Universum. Er hat uns diesen Spiegel der Schöpfung gegeben, um uns dadurch nochmal zu sagen: «Mensch, mein Kind, mein Sohn, meine Tochter, glaub mir, ich bin grösser als alles.»

Warum hat Gott immer wieder an den Menschen gehandelt?

Warum, glauben wir, hat Gott *Abraham* auf die Wanderschaft geschickt – diesen Mann, der in seiner Heimat reich geworden war mit unzähligen Herden und Bediensteten? Warum, glauben wir, hat Gott diesen Abraham, welcher der Vater der Völker und der Vater des Glaubens wurde, als einen Nomaden leben lassen? Warum? Weil er diesem Mann nochmals seine Grösse demonstrieren wollte.

Wenn du – wie Abraham – mit dem Rucksack unterwegs bist, dann lernst du noch einmal ganz anders die Grösse deines Gottes kennen: in den Sandstürmen, in den Nächten, in diesem Toben der Kreatur, in den Stürmen, im Hagel, in allem drin, in Nässe und Kälte und dann wieder in der Glut des Sommers. Da, im Blick auf diesen gewaltigen Gott, der ihn wieder an der Hand genommen und rausgeführt und gesagt hat: «Schau' zum Himmel», da ist in dem Herzen des Abraham etwas fest geworden. Und darum konnte er dann auch mit seinem Sohn auf diesen Morijaberg gehen, wo heute der Tempelberg ist. Er hat seinen Sohn dahingelegt und zu Gott gesagt: «Da ist er. Ich weiss, du bist grösser als alles. Du bist auch grösser als dieses Opfer meines Sohnes. Du bist dieser Gott, der aus den Toten wieder zum Leben bringt.»

Und warum, glauben wir, hat Gott dieses *Sklavenvolk aus Ägypten* in die Wüste herausgeführt? Um ihnen zuerst einmal den Spiegel seiner Grösse und Macht vor Augen zu führen, die Macht eines Gottes, der ein Volk vierzig Jahre lang in der Wüste durchfüttert. Das jüdische Volk trägt jetzt noch dieses Gottesbild in sich: das Bild eines Gottes, der in der Wüste dabei ist. Glauben wir, dass sie sonst dieses Land hätten urbanisieren können? Glauben wir, dass sie sonst in einer solchen Genialität diese Wüste wieder hätten fruchtbar machen können wie ein David Ben Gurion und viele andere? Sie hatten die gewaltige Vision eines Gottes, der grösser ist als alles, und der dieses Volk dazu bestimmt hat, Licht für die Völker zu sein, und der ihren Tempel dazu bestimmt hat, ein Haus des Gebets für die Nationen zu sein.

Warum war *Jesus* dreissig Jahre lang in Nazareth? Er war in jener Zeit seinen Eltern untertan und hat dieser Familie gedient. Das war sein Anteil am Menschsein, in diesem Nazareth zu leben, «woher nichts Gutes kommt», unter Krämern, unter Tuscheln und all' diesem Zeug. Aber gleichzeitig war es die Zeit, wo Jesus seinen Vater gesucht hat. Ich bin überzeugt, dass er viel in der Nacht auf den Bergen dort war und mit seinem Vater gesprochen hat. Darum ging er immer wieder auf die Berge. Dort ist dieses Wissen gewachsen, diese Erkenntnis und Offenbarung: *«Gott ist grösser als alles! Er ist grösser als alles!»*

Und erinnern wir uns, als Gott zu seinem getreuen Knecht *Hiob* gesprochen hat? Als er auf dem Misthaufen sass, mit Geschwüren übersät, aussätzig, sich mit dieser Scherbe kratzte, seine ganze Familie zerstört, nichts mehr da, alles fertig, die Freunde abgewandt – und da kommt Gott! Und Gott hält ihm jetzt keine theologische Vorlesung, sondern demonstriert ihm noch einmal, was für ein Gott er ist! Er kommt in Donner und Blitz und richtet die Blicke dieses Menschen, der nur noch an seinen Wunden herumkratzt, auf den Orion, auf das Siebengestirn, und auf die Wolken, die den Regen halten und wieder ausschütten. Er fragt ihn: «Hab' ich nicht das Ross geschaffen in dieser Kraft, mit dieser Mähne, dass es wiehert? Hab' ich nicht den Strauss geschaffen, der lacht, wenn er aufsteht und dem Ross enteilt? Hab' ich nicht das Krokodil erschaffen, das Flusspferd? Sieh' mal seine Stärke!» Und am Schluss steckt Hiob seinen Mund in den Staub und sagt: *«Ich habe in Unverstand geredet, Dinge, die zu wunderbar für mich, die ich nicht begriff.» (Hiob 42,3)*

Eines weiss ich: Wenn Jesus unser Leben verändert, werden wir wieder in diese Schöpfung hineingehen, segnend, aber auch mit neuen Augen. Was für ein gewaltiges Pfand hat Gott z. B. den Deutschen in ihrem Land gegeben. Jedesmal, wenn ich als Schweizer über die Grenze fahre, dann kann mein Herz sich weiten. Dann kommt diese Weite der Landschaft, diese Weite des Horizonts. Dann kommt dieser Himmel wie in Frankreich, diese Herrlichkeit einer Weite eines Gottes, von dem es in den Psalmen heisst: *«Du stellst meine Füsse auf weiten Raum.» (Ps. 32,9; Luther)* Gott wird unsere Füsse auf weiten Raum stellen.

Das Lamm Gottes – die grösste Offenbarung von Gottes Kraft

Aber das ist noch nicht das Letzte. Diese Kraft Gottes, die grösser ist als alles, hat sich noch stärker und vollendeter in *Jesus*

Christus, in dem *Lamm Gottes,* offenbart. Dies ist die grösste Offenbarung der Kraft Gottes! Johannes der Täufer hat auf Jesus gezeigt und gesagt: *«Siehe, das Lamm Gottes, das die Sünde der Welt hinwegnimmt!» (Joh.1,29)* Mit Jesus ist eine Kraft, und zwar die Kraft einer bedingungslosen, leidenschaftlichen Liebe Gottes, in diese Welt hineingebrochen – einer Liebe, die alles trägt, alles glaubt, alles hofft, alles duldet; einer Kraft, die durch alle Mauern hindurchbricht, die alle eisernen Riegel sprengt und alle ehernen Türen öffnet; eine Kraft, die – weil sie Sanftmut und Demut und Leidenschaft dieses Gottes ist – überall, wo sie hinkommt, durch das Blut und die Kraft Jesu Christi Versöhnung stiftet. In diesem Lamm hat sich die Macht Gottes am vollendetsten offenbart; und zwar am Kreuz, da, wo dieser Jesus gehangen hat und zu diesem Lamm wurde. Er verstummte wie ein Lamm vor seinen Scherern und sagte: «Vater, nimm' mein Leben hin, nimm's als dieses Opfer, nimm's als diesen Wohlgeruch für meine Schwestern und Brüder!» Und so versöhnte er dort diese ganze Welt mit seinem Vater.

Dort am Kreuz hat er gehangen, die Sünde, der Fluch der ganzen Welt; und damit hat er diese Welt aus der Angel gehoben und sie Gott wieder zurückerkauft und eine neue Menschheit gegründet! Dort hat er die neue Erde eingeläutet, als er schrie: *«Es ist vollbracht!» (Joh. 19,30)* Der Schächer an seiner Seite sagte: *«Denke an mich, wenn Du in Deines Vaters Reich kommst».* Und Jesus sagte ihm noch am Kreuz: *«Heute wirst du mit mir im Paradiese sein.» (nach Luk. 23,42+43).* Und so bringt Jesus den Erstling einer neuen Menschheit, diesen Schächer, zu Seinem Vater ins Paradies. Das ist diese gewaltige Kraft der Liebe Gottes, von der Jesus gesagt hat: «Wenn ich euch erfüllen kann mit dieser Liebe, wird euch nichts unmöglich sein.»

Liebe ist stärker als der Tod. *«Liebe erträgt alles, sie glaubt alles, sie hofft alles, sie duldet alles. Liebe ist ewig.» (nach 1. Kor. 13,7+8)* Es ist dieser *«höhere Weg» (1. Kor. 12,31)*, von dem Paulus gesprochen hat. Es ist dieser Weg, der weit, weit, weit hinausführt über alles, was an Kräften freigesetzt wird durch Geistesgaben. Die grösste Gabe Gottes ist Jesus, und durch Jesus die leidenschaftliche Liebe Gottes, das Erbarmen Gottes für diese Welt! Dann werden wir fähig sein, wenn uns einer auf die rechte Backe schlägt, auch die andere hinzuhalten. Dann werden wir fähig sein, wenn uns einer den Rock nimmt, ihm auch den Mantel zu geben. Dann werden wir fähig sein, wenn uns einer zwingt, eine Meile zu gehen, mit ihm zwei Meilen zu gehen. Dann werden wir fähig sein, unsere Feinde nicht nur theoretisch und im Kopf, sondern auch wirklich von Herzen zu lieben, feurige Kohlen auf ihr Haupt zu sammeln, ihnen wohl zu tun, ihnen zuvor zu kommen, ihnen zu spiegeln, dass sie von Gott geliebt und erwählt sind, damit sie in sein Reich hineinkommen.

Was für eine gewaltige Kraft des Lammes! Und ich weiss, die Zeit kommt erst jetzt, in der diese Kraft des Lammes überhaupt offenbart wird. Niemand im Himmel, auf Erden oder unter der Erde – so hat es der Seher Johannes geschaut (Off. 5) – besitzt die Macht, die Siegel zu brechen, als nur das Lamm Gottes. Es ist jetzt die Zeit, wo die Herrschaft des Lammes über dieser Erde beginnt, über den Nationen, über den Strukturen unserer Gesellschaft. Es ist jetzt die Zeit, wo diese Siegel gebrochen werden, wo wir die Macht des Lammes noch einmal erfahren werden; auch den Zorn des Lammes, wo Menschen zurückgehalten werden, damit sie nicht ins Reich Gottes hineinkommen, wo man die Schlüssel der Offenbarung wegnimmt.

Diese Kraft lebt in dir!

Was ist das für eine Macht, das Lamm Gottes! Nicht umsonst haben die Herrnhuter mit ihrem Graf Nikolaus Ludwig von Zinzendorf in ihrem Siegel das Lamm gehabt. In diesem Lamm haben sie überwunden. Im Zeichen dieses Lammes sind sie vorangegangen, in die Mission, zu den Völkern. Im Zeichen dieses Lammes haben sie Städte gebaut und Schulen errichtet. Im Zeichen dieses Lammes wurde Reich Gottes in diese Welt hinein vorangetrieben, überall hin, auf allen Kontinenten!

In Herrnhut kam auch noch einmal ein Stück himmlisches Jerusalem auf diese Welt, die heiligen Ordnungen Gottes. Alles war berücksichtigt: die Witwen waren berücksichtigt, die alleinstehenden Männer waren berücksichtigt, die Welt war berücksichtigt. Es enstand eine umfassende Vision für die Welt im Zeichen des Lammes, dieser Liebe, «die alles erträgt, die alles glaubt, die alles hofft, die alles erduldet.» (nach 1. Kor.13,7)

Diese Liebe lebt in dir, wenn du Jesus Christus angenommen hast. Diese Leidenschaft lebt in dir. Diese Kraft lebt in dir – dieselbe Kraft, die in Daniel war, als er in der Löwengrube stand und die Engel Gottes den Rachen der Löwen eine Nacht lang zugehalten haben; dieselbe Kraft, die in den Männern war, die in den Feuerofen geschickt wurden; dieselbe Kraft, die in Paul Schneider war, dem «Prediger von Buchenwald», der jeden Morgen immer wieder aus seinem Hungerbunker heraus Bibelworte auf den Appellplatz hinausschrie, bis er schliesslich zum Verstummen gebracht wurde. Dieselbe Kraft lebt in dir! Eine Kraft, mit der Städte erobert werden, wie bei der Erweckung in Los Angeles, dieser trostlosen Stadt zu Anfang des 20. Jahrhunderts. Diese Ausgiessung des Heiligen Geistes in der Azusa Street in Los Angeles begann damit, dass zwei Männer, die von dieser Leidenschaft Gottes erfüllt waren, gesagt haben: «Wir sterben eher, als dass wir nicht Erweckung sehen!»
Viele waren damals der Meinung: «Das geht zu weit». Aber es ging nicht zu weit, sondern es war diese Kraft des Lammes, die gesagt hat: «Wir ruhen nicht eher, bis die Gegenwart Gottes wieder unter uns ist.» Die Kraft des Lammes, die gesagt hat: «Gott will diese Welt wieder zurück holen in sein Vaterhaus.»

Gott ist noch grösser als unser Herz

«Gott ist grösser als unser Herz.» (1. Joh. 3,20) Grösser als unser Herz! Wir wissen: Hier sind wir immer wieder so gefährdet, weil das Menschenherz eine so tückische Sache ist. Es versucht immer wieder, Gott hinabzuziehen, auf unsere Gedanken zu re-

duzieren, auf unsere Gefühle zu beschränken, auf das, was für uns dann stimmt! Aber *«Gott ist grösser als unser Herz!»* Du kannst nie in der Kraft des Heiligen Geistes «fliessen», wenn du nicht glaubst, dass Gott grösser ist als dein Herz. Und wir halten das Reich Gottes auf, wenn wir Gott nicht grösser sein lassen als unser Herz – das, was in unserem Herzen drin ist. Gott braucht heute wieder Frauen und Männer, die mutig sind, braucht Frauen und Männer, die kühn sind, wo wieder diese Paresia, dieser Freimut des Heiligen Geistes, in uns lebt, und wo wir es auch wagen, Fehler zu machen, wo wir daneben hauen können. Gott will nicht diese Richtigmacherei. Gott hasst die Perfektion. Die Perfektion ist eine Erfindung des Teufels, um das Wesen Gottes zu verdunkeln – das ist die perfekte Sonnenfinsternis. Jesus ist gekommen als ein Mensch, auch in seiner ganzen Schwachheit. Er war hungrig. Er war durstig. Er hat uns an seinem Herzen Anteil gegeben. Er hat über Städte geweint. Er hat mit den Zöllnern und Sündern gelacht. Jeus will uns befreien zu einem neuen Lebensstil der Freiheit im Geist.

Oft sind wir so besserwisserisch unseren Geschwistern gegenüber, die an der Front sind und etwas wagen, auch gegenüber Gemeindeleitern oder Bewegungen. Es ist dazu nicht mehr die Zeit. Wer etwas wagt, wird immer wieder mal neben den Schuhen stehen; und dafür sind wir Leib Jesu, damit wir einander brüderlich und in Liebe und Sanftmut ermahnen, den Arm um den andern legen und sagen: «Bruder, meinst du nicht, dieser Schritt wär' jetzt etwas daneben gewesen?» und einander wieder zurückholen. Ich will dir das noch einmal sagen: «Gott ist, wenn du ihm dein Herz gegeben hast, absolut für dich und kämpft für dich! Er steht zu dir!»

David stärkte sich im Herrn

Erinnern wir uns noch einmal an *David*! David war wirklich ein Mann Gottes. Aber auch jedem Mann Gottes geht irgendwann mal das Temperament durch; oder wir ziehen die Sicherung raus und tun wieder das, was wir von uns aus denken und fühlen. Und als David so lange Zeit von Saul verfolgt und gejagt worden ist, da hat er sich gesagt: «Es bringt's nicht mehr, ich tauch' unter und geh' in Sicherheit zu den Philistern.» Was für eine Sicherheit hat ihm das gebracht? Der Philisterfürst hat ihm eine Stadt gegeben, für ihn und seine sechshundert Gesellen samt Familien. Dort konnte er residieren und seine Raubzüge machen. Schliesslich sollte er mitziehen in den Krieg der Philister gegen die Juden. Aber zum Glück waren die andern Philisterfürsten zornig und haben bewirkt, dass David zurückgeschickt wurde. Aber als er in seine Stadt Ziklag zurückkam, da war die ganze Stadt abgebrannt; und die Amalekiter hatten Frauen, Kinder und alles Hab und Gut weggeführt! Verstehen wir: David war einfach seinem Willen gefolgt, aber er hatte Gott nicht gefragt. David glaubte, bei den Philistern sicher zu sein – aber da ist ganz Ziklag abgebrannt und die eigenen Freunde haben ihn beinahe gesteinigt!

Mich fasziniert, was David in dieser Situation getan hat. Er ist nicht einfach in Selbstanklage gegangen und hat gesagt: «Hätte ich doch, wäre ich doch in der Wüste geblieben», sondern er hat Gott gefragt: «Gott, was soll ich jetzt tun?» Es heisst in der biblischen Erzählung: *«David aber stärkte sich in dem HERRN, seinem Gott.» (1. Sam. 30,6; Luther)* Er stärkte sich in Gott; in was für einem Gott? In dem *«Gott, der grösser ist als alles»*, in dem Gott, der auch grösser ist als diese abgebrannte Stadt, als diese verschleppten Frauen und Kinder, grösser, grösser, grösser! Er stärkte sich in diesem Gott und sah nicht auf die Freunde, die schäumten und sagten: «David, warum hast du diesen Blödsinn gemacht, warum sind wir zu den Philistern gegangen?» Und dann sagt Gott zu ihm: «Geh' und jage der Schar nach!» Unterwegs sind von seinen sechshundert Leuten dann nochmal zweihundert müde geworden. Aber Gott war mit ihm, und er hat alles wieder zurückgekriegt und konnte noch in den Stamm Juda hinein Beutestücke an die Ältesten verteilen und damit für sein künftiges Königreich einen Grund legen.

Wir brauchen wieder diesen Vater, diesen Vatergrund, damit wir auf diesem Vatergrund stehen und leben können! Diesen Vatergrund, auf dem unser Geist wieder frei sein kann, zu empfangen, was Gott durch dich und mich tun will. Diesen Vatergrund, wo du absolut geborgen bist. So geborgen wie Jesus in dem Seesturm, als er im Schiff auf einem grossen Kissen geschlafen hat und dann sagte: «Was macht ihr für einen Lärm? Mein Vater ist grösser als alles». Diesen Gott brauchen wir.

Die Armee Gottes

Wir werden zu einer Armee Gottes werden. Sie wird aufstehen und in die Welt hinein marschieren und diese Welt wieder für Gott zurückerobern. Sie wird das wieder zurückholen, was gestohlen worden ist. Und es gibt vieles, vieles zurückzuholen, und im Namen Jesu Christi werden wir das zurückholen zur Ehre Gottes.

Ich möchte nochmals diesen bekannten Satz von den Quäkern zitieren: *«Christen sind unsagbar glücklich, absolut furchtlos und immer in Schwierigkeiten.»* Das kann ich mit meinem Leben bezeugen. Sohn dieses Vaters zu sein, Kind dieses gewaltigen Gottes, der grösser ist als alles, und Freund und Bruder dieses erstgeborenen Bruders Jesus Christus – das ist *unsagbares Glück*. Das ist die Kraft der Jugend. Das wird unser Leben immer und immer wieder erfüllen und vorantreiben. Wir sind unsagbar glücklich, auch mitten in allem Leid. Wir sind Gott-sei-Dank auch immer *in Schwierigkeiten*. Wir brauchen die Schwierigkeiten. Wie sollten wir sonst Gott erleben? Wie sollten wir unsere Wurzeln noch tiefer in sein Vaterherz hineinsenken? Wir sind aber auch absolut *furchtlos*, d. h. wir sind auf dem Weg dahin und werden noch soweit kommen, dass wir wirklich furchtlos sind, weil wir Gott kennen gelernt haben, der in unseren Herzen lebt; und weil wir diese Autorität und diese Salbung des Vaters haben, mit dieser Liebe, die stärker ist als der Tod.

Gebet

Zuallererst, ewiger Vater, Vater unseres Herrn Jesus Christus und durch ihn unser aller Vater, geben wir dir allen Lobpreis, alle Ehre, alle Macht und mit dir auch deinem Sohn, der das Erbe angetreten hat.
Vater, ich trete jetzt aller Vaterlosigkeit entgegen: überall, wo Menschen betrogen worden sind, wo sie glaubten, Vorbilder gehabt zu haben, und es waren doch falsche Väter, durch die sie verletzt und enttäuscht worden sind; auch da, wo wir als Gemeindeleiter schuldig geworden sind. Vater, ich trete im Namen Jesu Christi noch einmal dieser Macht der Verletzung und dieser Macht der Vaterlosigkeit entgegen; und wir sagen dir, Luzifer, du hast keine Macht mehr über die Menschen. Wir sind erkauft zu dieser himmlischen Vaterschaft. Wir sind erkauft zu diesen Söhnen und Töchtern Gottes. Wir sind erkauft zu dieser leidenschaftlichen Liebe.
Vater, wir schreien zu dir als deine Kinder. Wir schreien Abba Vater, Abba Vater, Abba Vater, erbarm' dich über uns! Erbarm' dich über unsere Ehen und Kinder, erbarm' dich über unser eigenes Vatersein, erbarm' dich über unsere Regierenden, erbarm' dich über unsere Länder und lass' sie wieder zu Ländern werden, wo diese Vaterschaft gelebt wird.
Ich segne euch mit dem Geist der Vaterschaft, dass er über euch «brütet» und dass ihr bereit seid, als Schreiende, Suchende, Hungernde, Dürstende diesen Vater durch Jesus Christus zu suchen und in diesem Vater gestillt zu werden.
Und noch einmal lege ich dieses Wort auf jedes Leben: Der Vater ist grösser als alles.
Amen!

····· Weiteres aus dem Schleife-Verlag ·············

Prophetisches Bulletin

Das prophetische Bulletin ist eine zentrale Publikation der Stiftung Schleife. **Es hat zum Ziel, prophetisches Reden unserer Zeit aufzunehmen und weiterzugeben, Christen zu ermutigen und zu inspirieren, und das Heranwachsen eines prophetischen Volkes zu fördern.** Es erscheint 3 mal jährlich mit Beiträgen von Geri und Lilo Keller, dem Schleife Team und weiteren Autoren.

Nr.: 150.000 Jahresabo

Weiteres aus dem Schleife-Verlag

Prophetische Zeichen

Rick Joyner

In diesem Buch wirft Rick Joyner ein Licht auf viele der grossen geistlichen Kämpfe und Weichenstellungen in der Geschichte der Christenheit. Sie werden so zu «prophetischen Zeichen», zum «Vorschatten der kommenden Ereignisse». Er zeichnet die Portraits von grossen Christen der Geschichte – ihre Erfolge und ihre Misserfolge –, um die Gemeinde Gottes von heute besser auszurüsten.

Nr.: 120.014

Die Zwei Bäume im Paradies

Rick Joyner

Im Paradies standen zwei Bäume, die den Gang der gesamten Menschheit entscheidend beeinflusst haben – der Baum der Erkenntnis von Gut und Böse und der Baum des Lebens. Dieselben zwei «Bäume» stellen auch für uns heute eine Herausforderung dar: Jeden Tag müssen wir entscheiden, von welchem dieser Bäume wir essen wollen; und diese Entscheidung wird den weiteren Gang unseres Lebens bestimmen. Dieses Buch ist eine Neuauflage eines prophetischen Klassikers von Rick Joyner.

Nr.: 120.018

Weiteres aus dem Schleife-Verlag

Alle können prophetisch reden

Steve Thompson

Steve Thompson von MorningStar ist bekannt für seine weitreichende persönliche Erfahrung und seine solide biblische Lehre im Prophetischen. Dieses Buch ist eine grosse Ermutigung und Hilfe für alle, die im Prophetischen wachsen wollen – angefangen von den ersten Gehversuchen bis hin zum tieferen Verständnis.

Nr.: 120.009

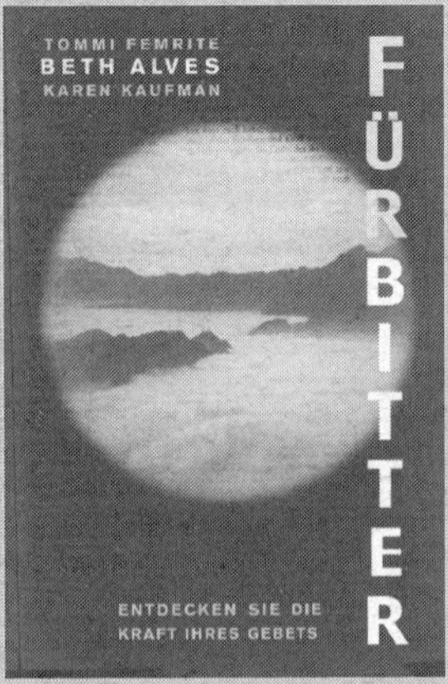

Fürbitter

Beth Alves, Tommi Femrite, Karen Kaufman

Dies ist eines der bedeutendsten Bücher über Gebet. Beth Alves und Tommi Femrite haben mit ihrer Leidenschaft für das Gebet die geistliche Landschaft in unseren Ländern entscheidend mitgeprägt. Zusammen mit Karen Kaufman öffnen sie in diesem Buch neue Horizonte einer umfassenden Gebetsstrategie.

Nr.: 120.011